숨겨진 상처의 치유

숨겨진 상처의 치유

남모르는 상처로 아파하는 영혼들을 위한
내면의 치유서

정태기 지음

상담과 치유

머리말

인생의 파도를 이기게 하시는 하나님

언젠가 동해안 바닷가를 따라 거닐며 파도가 바위에 부딪쳐 부서지는 광경을 바라다보았습니다. 그런데 놀랍게도 일 년 내내 파도가 들이치는 바위 위에서 해초(海草)가 자라고 있었습니다.

'끊임없이 밀려오는 거센 파도를 맞으면서도 생명을 키워 가는 저 해초의 힘은 어디에서 온 것일까?'

거센 파도에 맞서서 생명을 키워 가는 해초를 보면서 내 마음속 깊은 곳에서 어머니의 모습이 떠오르는 것을 느꼈습니다. 수많은 삶의 파도를 온몸으로 맞으면서도 절망을 모르고 사셨던 내 어머니의 삶이 저 해초의 삶을 닮아 있었습니다.

미국 퍼듀 대학의 체육 교수였던 윌마 루돌프는 소아마비를 극복하고 1960년 로마 올림픽 때 미국 여자 육상 대표 선수로 출전하여 100미터, 200미터, 400미터 계주경기에서 금메달을 휩쓸어 삼관왕의 영예를 얻었습니다. 소아마비로 다리를 절게 되면 애당초 달리기 같은 건 시작도 안 하는 게 보통인데 윌마는 그러지 않았던 것입니다. 그녀는 어디에서 그런 힘을 얻었을까요?

창조주 하나님께서는 해초와 나의 어머니, 윌마 루돌프 모두에게 파도를 이기고 자신의 삶을 아름답게 꽃피울 수 있는 힘을 주셨습니다. 들에 핀 백합화, 공중에 나는 새, 이 땅의 모든 사람들은 생명을 꽃피우고 열매를 맺을 수 있는 생명력을 지니고 태어났습니다. 그런데도 왜 많은 사람들이 삶의 파도 앞에서 금세 쓰러지고 마는 것일까요? 왜 자신 안에 주어진 보화는 알지 못한 채 어둡고 힘들게 살아가는 것일까요?

이 책에서는 우리를 어둠 속에 가두고 구속하는 것이 무엇인지, 그리고 힘들고 무거운 삶을 자유케 할 지혜가 무엇인지에 대해서 함께 생각해 보고자 합니다. 이 책에 나오는 모든 예화는 학생들과 함께 강의실에서 길어 올린 생수 같은 이야기들입니다. 사랑하는 제자들이 나에게 쏟아부어 준 뜨거운 열정에 힘입어 이 책을 세상에 내놓게 된 것을 하나님께 감사드립니다.

정태기

차례

1부_ 거울로 들여다보는 인간의 내면

1장 나를 병들게 하는 나 _ 09

2장 폐쇄된 자아 중심성 _ 19

3장 억압된 내면의 분노 _ 38

4장 허위적 체면 의식 _ 53

5장 가면을 벗은 어린아이의 심성 _ 64

2부_ 인간관계에서 받는 상처의 치유

6장 나의 인간관계 성찰 _ 85

7장 성숙한 인간관계의 과정 _ 96

8장 상처와 치유, 두 얼굴을 가진 말 _ 109

3부_ 숨겨진 상처를 치유하는 길

9장 프로이드에게서 배우는 치유의 지혜 _ 149

10장 아들러에게서 배우는 치유의 지혜 _ 177

11장 완전한 치유자이신 예수님 _ 194

1부

거울로 들여다보는 인간의 내면

1장

나를 병들게 하는 나

어느 조사에 따르면, 놀랍게도 70퍼센트 이상의 입원 환자가
'나는 절대로 낫지 못한다. 결국 나는 죽게 될 것이다.'라는 부정적인 생각을 갖고 있으며,
마침내는 자신의 생각대로 재산을 병원에 다 털어 넣은 뒤 죽음을 맞이한다고 합니다.

누가 부자인가?

한 부자가 남쪽 나라의 해변을 여행하고 있었습니다. 그가 어느 날 고기는 잡지 않고 한가롭게 나무 그늘 밑에서 잠을 자고 있는 어부를 발견하고 물었습니다.

"당신은 왜 고기는 안 잡고 잠을 자고 있는 거요?"
"나는 오늘 먹을 고기를 이미 다 잡아 놓았소."
"고기를 더 잡아야 하잖소?"
"더 잡아서 무엇에 쓰려고요?"

"무엇에 쓰다뇨? 고기를 더 잡으면 돈을 더 벌 수 있는 것 아니오?"

부자의 말에 어부가 알 수 없다는 표정으로 되물었습니다.

"당신 말대로 돈을 더 벌게 되면 뭐가 달라지는 거요?"

"배와 그물을 더 큰 것으로 장만하고 사람도 많이 고용하는 거요."

"그렇게 해서 무엇을 한단 말이요?"

"고기를 더 많이 잡아서 큰돈을 버는 거요. 그럼 당신도 나처럼 부자가 될 수 있소!"

"당신 같은 부자가 된다고요? 그런데 부자가 되면 무엇이 더 좋아진다는 거요?"

어부의 질문에 부자가 의기양양하게 대답했습니다.

"부자가 되면 편안히 살 수 있다오!"

그러자 세상에서 가장 편안한 표정을 지으며 어부가 되물었습니다.

"편안히 살기 위해서라고요? 이것 보시오, 부자 양반. 당신 눈에 내가 지금 어떤 것 같소?"

마음밭

많은 사람들이 위의 부자처럼 무언가 많이 있어야 행복해질 수 있다고 생각합니다. 하지만 돈이 많다고 해서 행복한 사람은 그다지 많지 않습니다. 지금의 나는 누구일까요? 지금부터 예수님이 우리에게 비춰 주신 거울을 통해서 우리 자신을 들여다보는 작업을 해 보려고 합니다.

이 세상에는 우리가 어떤 존재인지를 알 수 있게 해 주는 거울이 있습니다. 성경이 바로 그것입니다. 성경 말씀 하나하나가 우리의 생각과 마음을 비춰 주는 거울입니다. 그 가운데서도 누가복음 8장 4~8절의 '씨 뿌리는 비유'는 우리 마음의 상태를 알려 주는 핵심 거울입니다. 예수님은 이 비유를 통해서 우리들에게 우리 마음의 상태가 어떠한지를 보여 주고 계십니다.

인간은 각양각색의 마음밭을 가지고 있습니다. 그래서 어떤 사람은 이렇게 살아가고 어떤 사람은 저렇게 살아갑니다. 예수님을 믿는 신자들 사이에도 갖가지 모습이 나타납니다. 기도하는 태도도 전부 다릅니다. 기도하는 모든 이의 소망은 응답을 받는 것일 텐데 기도하는 태도는 천양지차입니다. 기도가 응답되리라는 것을 굳게 믿고 기도하는 사람이 있는가 하면, 이루어지지 않으리라는 이상한 믿음에 사로잡힌 채 기도하는 사람도 있습니다. 믿지 않는 사람의 기도는 당연히 응답될 리 없습니다.

누가복음의 '씨 뿌리는 비유'는 이런 사람들에게 주시는 예수님의 지혜의 말씀이자 거울입니다. 지금까지 혹 확신 없이, 아니 이루어지지 않으리라는 '의심의 확신'을 가지고 기도해 오지는 않으셨습니까? 밤새워 기도하면서도, '설마 하나님께서 이 기도를 들어주실까?' 하며 의혹에 차서 기도한 적은 없으십니까? 단언하건대, 이런 기도는 응답되지 않습니다! 왜냐하면 마음속 운전사가 기도하는 이의 생각을 붙들고 끊임없이 이렇게 속삭여 대기 때문입니다. '기도한다고 다 이루어질 줄 알아? 네 기도는 절대로 응답되지 않을 거야!'

내 안의 병든 운전사

병원에 입원한 환자들의 소원은 물론 완쾌되는 것입니다. 그런데 어느 조사에 따르면, 놀랍게도 70퍼센트 이상의 입원 환자가 '나는 절대로 낫지 못한다. 결국 나는 죽게 될 것이다.'라는 부정적인 생각을 갖고 있으며, 마침내는 자신의 생각대로 재산을 병원에 다 털어 넣은 뒤 죽음을 맞이한다고 합니다.

예수님은 이런 사람들을 안타깝게 여겨 믿음을 가지라고 권면하셨습니다. 그분은 이러한 사람들에게 소망을 주시기 위해 38년 된 병자를 찾아가셨습니다. 38년 된 환자의 소망이 무엇이었겠습니까? 두말할 것도 없이 병이 낫는 것입니다. 그런데도 예수님은 그 환자에게, "네가 무엇을 원하느냐?" 하고 물으셨습니다. 과연 예수님이 그의 소망을 몰라서 그렇게 물으셨을까요? 아닙니다. 예수님은 그 병자가 낫기를 바라는 의도를 갖게 하기 위해 그렇게 물으셨던 것입니다.

결혼식장에 서 있는 신랑 신부의 꿈은 행복한 가정을 이루는 것입니다. 하지만 모든 부부가 행복한 가정을 이루는 것 같지는 않습니다. 물론 행복하고 만족스런 결혼 생활을 영위하는 사람들도 많이 있습니다. 그런데도 불행한 결혼 생활로 인해 고통을 겪는 부부들이 더 많아 보이는 것은 왜일까요? 행복한 결혼을 위해 노력을 해도 그들의 마음속 운전사가 불행한 결혼 생활로 몰아가기 때문입니다.

술이 과하면 나쁘다는 사실을 모르는 사람은 없습니다. 지나치게 술을 많이 마시면 알코올중독자가 되어 비참하게 인생을 마치게 된다는 사실도 잘 알고 있습니다. 그런데도 술에 취해 대로에서 비틀거리는 사람 또는 알코올중독자들은 나날이 늘어만 갑니다. 그런 사람들의 마음속에는 '나는 내 인생을 망쳐 버리고 말 거야!'라고 고집하는 못된 운전사가 들어앉아 있습니다. 그렇지만 그들도 행복하게 살고 싶어 한다고 주장합니다. 물론 그렇습니다. 그들도 외견상으로는 행복하게 살기 위해 무진 애를 씁니다. 하지만 그들의 마음속 깊은 곳에 자리한 못된 마음의 운전사가 무의식중에 그들을 불행의 골짜기로 몰아가는 것입니다.

한눈팔다가

한 부부가 나를 찾아왔습니다. 부부는 잔뜩 불만스러운 표정으로 서로 등을 돌리고 앉아서 찾아온 용건을 얘기했는데, 놀랍게도 이혼을 해야겠다는 것이었습니다. 이혼을 하겠다면서 왜 나를 찾아온 것인지 당혹스러워서 이유를 물었더니, 13개월 동안 부부 싸움을 해 왔는데 더 이상은 참을 수가 없다는 것이 그 이유였습니다. 보통 하는 부부 싸움이 아니라 죽기 살기로 치고받는 육박전을 일 년 이상이나 계속해 왔다는 것입니다.

그 격렬한 부부 싸움의 시발은 참으로 어이없는 사건에서 시작되었다고 했습니다. 둘 다 교회 집사였던 부부가 어느 날 교회 다녀오는 길에 근처 백화점에 들러 물건을 사기로 했습니다. 그런데 백화점 앞 횡단보도를 건너던 부인이 문득 남편이 곁에 없다는 것을 깨닫고 돌아다보니 남편이 신호등 아래서 길 건너는 것도 잊어버린 채 무엇인가를 뚫어져라 쳐다보고 있었습니다. 무슨 일인가 싶어 남편의 시선을 따르던 부인의 얼굴이 새파랗게 질렸습니다. 어떤 예쁜 여성에게 남편의 시선이 멈추어 있었기 때문입니다. 격분한 부인이 달려가 남편의 멱살을 틀어잡고 악을 쓰기 시작했습니다.

"이놈아, 어디서 한눈을 파는 거야? 나 데려다가 그만큼 고생시켜 먹었으면 양심이 있어야지, 어떻게 딴 여자한테 한눈을 팔 수가 있어?"

백화점 근처인지라 사람들이 삽시간에 구름 떼처럼 몰려들었습니다. 그러나 이미 눈이 뒤집힌 부인에게 다른 사람들이 안중에 있을 리 없었습니다. 그녀는 성경을 들고 있던 손으로 남편의 멱살을 거머쥔 채 고래고래 고함을 질러 댔습니다. 외간 여자를 훔쳐보다가 현장에서 들킨 남편은 그래도 지은 죄가 있어 겸연쩍게 고개를 떨어뜨리고 있을 뿐이었습니다.

그날 저녁 밥상 앞에서 부인은 낮에 있었던 이야기를 다시 끄집어내며 포악을 떨었습니다.

"지금껏 살아온 세월이 분하고 억울해. 내가 어떻게 살아왔는데…. 그런 내 앞에서 보란 듯이 딴 여자한테 눈길을 줘? 아이고 분해, 억울해서 난 못 살아…."

부인이 가슴을 치며 분해했지만 남편은 묵묵부답이었습니다. 자신이 생각해 봐도 잘한 게 없다 싶었기 때문입니다. 그렇게 저녁을 물리고 잠자리에 들어서도 부인의 성화는 수그러들 줄 몰랐습니다. 다음 날 아침에도 역시 부인은 출근하는 남편의 뒤통수에 대고 악을 써 댔습니다.

"이놈아, 오늘은 또 어떤 년한테 한눈팔 거야?"

이런 식으로 부인은 남편의 비위를 계속 건드렸습니다. 마침내 남편의 분노가 폭발했습니다. 사흘이 지나도록 계속되는 아내의 성화를 더는 참지 못하고 아내에게 손찌검을 한 것입니다. 그렇지 않아도 잔뜩 독이 올라 있던 부인은 이 일을 계기로 본격적으로 덤벼들었습니다. 이렇게 시작된 싸움이 13개월이나 지속되었던 것입니다.

부부는 심각한 표정으로 자신들의 이야기를 들려주고 있었지만 나는 실소를 금할 수 없었습니다. 그래서 이렇게 말해 주었습니다.

"두 분 집사님! 그래, 그런 일로 13개월씩이나 싸웠단 말이에요? 한눈 한 번 판 것 가지고 일 년 넘게 치고받고 싸우다가 이혼할 것 같으면 결혼 생활을 유지할 수 있는 사람이 몇이나 되겠어요?"

그날 나는 이런저런 이야기로 부부의 마음을 달래서 돌려보냈습니다. 그때 따로 연락처를 받아 둔 것도 아니고, 그분들에게서 나중에 연락이 온 적도 없기 때문에 그들이 정말로 이혼을 했는지, 아니면 화해하고 화목하게 지내고 있는지 알 길은 없습니다. 만일 그 부부가 정말로 이혼을 했다면 그야말로 '눈 돌아간 이혼'이 되는 셈이지요.

내 눈도 돌아가는데요 뭘

벌써 오래전에 있었던 이야기입니다. 잉꼬부부로 소문이 난 김 집사 부부는 아이들도 반듯하게 양육하고 교회 봉사에도 아주 열심이었습니다. 그런데 이런 김 집사 부부에게도 한 가지 흠이 있었으니, 남편 김 집사가 버릇처럼 한눈을 파는 것이었습니다. 그런데 이 부부는 대처하는 방식이 앞의 부부와는 판이하게 달랐습니다. 예컨대, 함께 길을 걸어가다가 예쁜 여자가 지나가면 남편이 부인의 옆구리를 쿡쿡 찌르면서 "여보, 저 여자 어때? 정말 예쁘지?" 하고 스스럼없이 묻고, 그러면 부인은 "어머, 정말이네. 이제 다 봤으면 그만 갑시다."라는 식이었습니다. 한 술 더 떠서 남편이 "여보, 저 여자 다리 진짜 잘 빠졌지? 멋있는데."라고 능청을 떨어도 부인은 천연덕스럽게 "이제 다 봤수? 다 봤으면 어여 갑시다!"라고 받아치곤 했습니다.

소문이 나서 사람들이 장난삼아 놀려 대도 부부의 모습은 한결같았습니다. 하루는 이 부부가 삼각산 등산을 마치고 내려오다가 우리 집에 들렀습니다. 말로만 듣던 그 부부를 직접 눈으로 보자 장난기가 발동하여 그 부인에게 물어보았습니다.

"집사님, 김 집사님이 그렇게 한눈을 잘 파신다면서요? 화 안 나세요?"

"목사님, 그게 왜 화낼 일인가요? 김 집사 눈만 돌아가나요? 제 눈도 마찬가지로 돌아가는데요 뭘. 어떤 남자가 예쁜 여자 보고 눈길을 돌리지 않겠어요? 하나님이 그렇게 만들어 놓으신 것 아닌가요? 이이만 그런 것이 아니라 저도 멋있는 남자를 보면 '저 남자 참 멋있네.' 하고 쳐다보게 되는걸요. 그것이 잘못된 일인가요?"

나를 빤히 올려다보며 반문하는 그녀의 모습이 매우 인상적이었습니다. 지금도 그때의 일을 떠올리면 입가에 잔잔한 미소가 떠오릅니다. 똑같이 예수 믿는 신자인데 살아가는 모습은 어찌 이리들 다른 것인지…. 한눈 한 번 팔았다가 일 년 넘게 육박전을 벌이는 부부가 있는가 하면, 날마다 한눈을 팔아도 행복한 부부가 있습니다.

살아 있고 건강하다는 것

살아 있는 사람과 죽어 있는 사람이 있는 것처럼 살아 있는 부부와 죽어 있는 부부가 있습니다. 숨을 쉬고 움직인다고 해서 다 살아 있는 사람은 아닙니다. 살아 있는 사람의 흔적과 열매가 없으면 살아 있는 사람이라고 말할 수 없는 것처럼 부부도 부부로서의 흔적과 열매가 있어야 신싸 부부라고 할 수 있습니다.

그러면 어떤 부부가 살아 있는 부부입니까? 눈이 돌아가는 부부가 살아 있는 부부 아닌가요? 당신의 눈은 어떻습니까? 멋진 남자나 여자를 보면 자동으로 눈이 돌아가지 않습니까? 그럴 때마다 못 볼 것을 본 것처럼 화급히 눈길을 거둬들이면서 '이크, 하나님 용서해 주십시오.' 하며 한숨지으십니까? 이런 사람이 있다면 바로 환자입니다.

고백하건대, 제 눈도 밤낮없이 돌아갑니다. 그럴 때마다 속으로, '하나님, 지금도 제 눈이 이렇게 돌아가는군요. 아직도 누군가를 보면서 눈이 돌아가는 젊음을 주셔서 감사합니다. 이 정력을 가지고 주님의 일을 더 많이 하게 해 주세요.'라고 기도합니다.

멋진 이성을 보고 우리의 눈이 돌아가는 것은 하나님이 허락하신 창조적 본능입니다. 지극히 자연스런 행동입니다. 그러니 설혹 배우자가 당신 앞에서 딴 이성에게 한눈을 좀 판다고 해도 인정해 주십시다. 그것을 인정해 주지 못한다면 가정이 편안할 수 없습니다. 어쩌다 남편이 한눈 좀 팔았다고 해서 수십 개월씩 죽기 살기로 싸운다면 남아날 가정이 어디 있겠습니까! 처음에는 미안하게 생각하던 상대방도 시간이 지나면서 오기가 생기고 기도 꺾이게 될 것입니다. 배우자는 노예가 아닙니다. 그렇기 때문에 그를 내 뜻대로 움직이게 할 수 없습니다. 그런데도 배우자를 자기 수중에 넣고 좌지우지하지 못해 안달한다면 절대로 건강한 부부 관계를 유지해 갈 수 없습니다.

이런 사람은 살았으나 죽은 자입니다. 이런 사람에게는 세 가지 정도의 병이 있습니다. 한 가지 병만 가지고 있는 사람도 있고, 두 가지를 가지고 있는 사람도 있으며, 세 가지를 다 가지고 있는 사람도 있습니다. 예수님은 이런 사람들의 상태를 '씨 뿌리는 비유'로 말씀해 주셨습니다.

2장
폐쇄된 자아 중심성

바리새인의 마음은 닫히고 굳어진 마음입니다. 닫히고 굳어진 마음은 자기밖에 보지 못합니다.
자기 외에 다른 것을 볼 수 없는 마음, 결국 '자기밖에 모르는 마음'입니다.
그런데 이 자기밖에 모르는 마음, 즉 병든 마음이 오늘 우리의 가정에서 활개를 치고 있습니다.

닫히고 굳은 마음

씨를 뿌리는 밭이란 인간의 마음을 말합니다. 인간의 마음에는 옥토 같은 마음, 가시덤불 같은 마음, 길바닥 같은 마음이 있습니다. 현대 심리학에서 볼 때, 길바닥 같은 마음은 죽은 자의 상태를 나타냅니다. 벌써 2천 년 전에 예수께서 인간의 마음을 정확히 꿰뚫어 보신 겁니다.

'길바닥 같은 마음'이란 길바닥처럼 딱딱하다는 의미를 내포합니다. 이것을 우리 속담으로 풀이하면, '바늘로 찔러도 피 한 방울 안 나올 인간'이라는 말이 됩니다. 바늘로 찔러도 피 한 방울 안 나올 것 같은 사람 곁에 사람이 꾀일 리 없습니다. 이런 사람과 함께 살고 싶어 하는 사람은 없습니다. 함께 살고 싶어 하기는커녕 옆에 가는 것조차 싫어합니다. 그러니 이런 사람이 누구와 함께 일을 하겠습니까? 이런 사람이 예수님 앞에서 병든 사람이며 죽은 사람입니다. 실제로 이런 사람은 제명에 죽지 못합니다. 이런 사람을 가리키는 또 다른 표현은 '앞뒤가 꽉 막힌 사람'이라는 말입니다.

당신의 배우자는 어떻습니까? 혹시 앞뒤가 꽉 막힌 사람은 아닌가요? 앞뒤가 꽉 막힌 배우자와 살아 보지 않은 사람이라면 그 숨 막히는 상황을 짐작도 할 수 없을 것입니다. "돼지라면 잡아라도 먹지…."라는 말이 떠오르는 상황입니다. 돼지라면 길러서 잡아먹을 수나 있지 이런 사람은 어쩌지도 못하고 쓸모도 없다는 뜻입니다.

길바닥 심리를 가진 사람은 여유나 융통성이 전혀 없습니다. 예수님은 이런 사람을 죽은 사람으로 여기셨습니다. 죽은 사람은 열매를 맺을 수 없습니다. 오직 살아 있는 사람만이 열매를 맺을 수 있습니다. 예수님은 바리새파 사람들을 길바닥 마음을 가진 사람들로 비유하셨습니다.

바리새인의 마음은 닫히고 굳어진 마음입니다. 닫히고 굳어진 마음은 자기밖에 보지 못합니다. 자기 외에 다른 것을 볼 수 없는 마음, 결국 '자기밖에 모르는 마음'입니다. 그런데 이 자기밖에 모르는 마음, 즉 병든 마음이 오늘 우리의 가정에서 활개를 치고 있습니다.

우리의 가정은 어떻습니까? 나의 배우자와 부모, 자녀들에 대해서 가만히 생각해 보십시오. 어느 때 그들이 가장 미웠습니까? 아마 그들이 자기밖에 모르는 행동을 할 때 가장 미웠을 겁니다. 이렇게 이기적이고 자기중심적인 사람, 자기밖에 모르는 사람은 결국 자신도 죽고 주위 사람들까지 죽이게 됩니다.

복숭아꽃이 피는 가정

비슷한 시기에 결혼한 두 가정이 있었습니다.

한 가정은 노부모를 모시고 살았습니다. 이 집의 주부는 시집오기 전부터 매우 병약했습니다. 친정 부모는 시부모를 모셔야 하는 가정으로 딸을 시집보내는 것을 몹시 안타까워했습니다. 약한 몸으로 시집살이를 해야 하는 딸이 안쓰러웠던 것입니다. 하지만 딸은 결혼한 뒤로 감기 한 번 걸리지 않을 만큼 건강해졌습니다. 남편의 자상한 배려와 변함없는 사랑이 건강의 비결이었습니다.

하루는 남편이 퇴근길에 과일 가게에 들렀는데 주머니에 돈이 별로 없었습니다. 겨우 복숭아 한 개를 살 만한 돈뿐이었습니다. 그는 잠시 생각해 보았습니다.

'복숭아 한 개를 사다가 누구에게 줄까?'

그의 머릿속에 복숭아를 좋아하면서도 시부모와 아이들을 챙기느라 자기 입에 들어가는 것은 늘 뒷전인 아내의 모습이 떠올랐습니다. 남편은 복숭아 한 개를 사서 바지 주머니에 넣고 집으로 향했습니다. 집에는 부모님과 아이들이 있습니다. 남편은 부모님께 문안 인사를 마친 뒤, 부엌에서 저녁을 짓고 있는 아내에게 다가가 아무도 모르게 살그머니 복숭아를 쥐어 주었습니다. 그리곤 놀라서 바라보는 아내에게 한쪽 눈을 찡긋해 보였습니다. 순간 아내의 얼굴이 달덩이처럼 환하게 밝아졌습니다. 아내의 얼굴에 가득 피어오르는 행복한 미소를 바라보면서 남편도 행복해졌습니다.

천국이 하늘에만 있는 것은 아닙니다. 예수님의 말씀대로 지상에서도 천국을 이루어 천상의 기쁨을 맛볼 수 있습니다. 이 행복한 부부처럼 우리도 지상에서 천국을 이루며 살 수 있습니다. 행복감이야말로 사람의 체질까지 바꿀 수 있는 명약입니다.

걸어 다니는 종합병원

또 한 명의 가장도 역시 퇴근해서 돌아오는 길에 과일 가게에 들렀습니다. 먹음직스런 수박 한 통을 사 들고 신이 나서 집으로 향했습니다. 모시는 부모님도 없겠다, 집에 가면 누구 눈치 볼 일도 없습니다. 자기가 사 온 수박을 맛있게 먹을 가족들의 모습을 생각하니 기분이 좋았습니다.

그런데 문을 열어 주던 아내의 얼굴이 하얗게 변합니다. 그제야 남편은 아차 하는 표정을 지었습니다. 아내는 수박만 먹으면 콧물을 흘리고 재채기를 해 대는 수박 알레르기 체질이었던 것입니다. 그래서 평소 수박이라면 쳐다보기도 싫어합니다. 그 사실을 까맣게 잊고 수박을 사 왔으니 아내의 얼굴이 하얗게 질릴 수밖에요.

어쨌거나 그는 수박을 갈라서 아이들과 함께 맛있게 먹기 시작합니다. 알레르기가 있다는 핑계로 아내에게는 먹어 보라는 소리조차 하지 않습니다. 저녁을 지으면서 이 모습을 바라보는 아내의 가슴속에서 뭔가가 부글부글 끓어오릅니다. 마음속으로는 자기밖에 모르는 남편을 향해 욕지기가 쏟아져 나옵니다.

이 가정의 주부는 건강한 몸으로 결혼을 했지만 두 아이를 낳은 후부터 걸어 다니는 종합병원이 되어 버렸습니다. 위장병, 편두통, 요통에다 관절염까지 앓고 있습니다. 몸 어디고 안 아픈 구석이 없습니다. 남편이 벌어 오는 돈 모두가 그녀의 병원비로 들어갈 형편입니다.

이 두 가정의 이야기는 허구가 아닙니다. 내가 직접 상담한 사례입니다. 이 두 가정의 경우에서 볼 수 있듯이, 상대를 배려하는 사람과 자기밖에 모르는 사람의 생활 방식에는 엄청난 차이가 있습니다. 전자가 지상에서 천국을 이루어 가는 사람이라면, 후자는 자신은 물론이고 곁에 있는 사람들까지 죽음으로 몰아가는 사람입니다. 이것이 바로 길바닥 심리입니다. 길바닥 심리란 살아 있는 것 같으나 사실은 죽어 있는 상태를 말합니다. 이런 사람이 주변에 있으면 대단히 고통스럽습니다. 이런 유형의 사람은 결혼해서 부부 생활을 해도 열매가 없습니다. 그저 분쟁과 싸움과 갈등과 상처만 남길 뿐입니다. 혹시 당신이 그런 사람은 아닙니까?

편견이라는 독

　길바닥 심리는 편견에서 비롯됩니다. 어떤 편견입니까? 예수님의 제자 빌립이, "모세가 율법에 기록하였고, 여러 선지자가 기록한 사람을 우리가 만났는데 요셉의 아들 나사렛 예수라네."라고 예수님을 소개하자 나다나엘이 즉각 반문합니다. "나사렛에서 무슨 선한 것이 날 수 있단 말인가?"

　나다나엘은 예수님 자체보다는 출신 지역으로 예수를 평가했던 것입니다. 그는 '어떻게 그렇게 걸출한 인물이 나사렛 같은 빈촌에서 태어날 수 있다는 말인가? 성경에 예언된 대로 베들레헴이나 아니면 거룩한 도성 예루살렘이라면 몰라도 말이지.'라고 생각했던 것 같습니다.

　나다나엘만 이러한 편견을 가지고 있었던 것은 아닙니다. 당시의 이스라엘에는 이런 생각이 지배적이었습니다. 이러한 편견 또는 선입관에 사로잡힐 때 우리의 마음은 길바닥처럼 딱딱해져 버립니다. 어느 지방에서 나고 자랐느냐로 그 사람을 평가하는 것은 어리석기 짝이 없습니다. 우리나라도 지역감정 때문에 나라의 위기를 자초하고 있지 않습니까? 많은 사람들이 이 병을 고쳐 보겠다고 나섰지만 이미 우리 사회에 너무나 깊숙이 자리하고 있어서 타파하기가 쉽지 않습니다. 믿는 사람들도 예외는 아닙니다. 당신은 과연 어떻습니까?

　편견이나 선입관으로 사람을 판단해서는 안 됩니다. 편견이나 선입관의 껍질을 벗어 버리고 하나님이 우리를 보시는 것처럼 우리도 다른 사람의 중심을 볼 수 있어야 합니다. 그러기 위해서는 먼저, "너는 편견이라는 깊은 병이 들었구나. 병든 자는 생명의 열매를 맺기 어렵다."는 주님의 음성을 들을 수 있어야 합니다. 살아오면서 혹시 지역감정을 갖고 사람을 대한 적은 없으십니까?

부천에서 일어난 한 사건은 편견이 갖는 심각성을 단적으로 보여줍니다. 병원의 수간호사였던 김미아(가명) 씨는 서른을 넘어서 사랑하는 사람을 만나게 되었습니다. 상대는 대기업에 근무하는 전도유망한 청년이었는데, 좀 늦게 운명의 짝을 만나게 된 두 사람은 깊고도 간절한 사랑에 빠졌습니다. 사랑이 무르익자 두 사람은 결혼 승낙을 얻으러 여자의 집을 찾아갔습니다. 그런데 교회 권사이기도 했던 여자의 어머니가 두 사람의 결혼을 반대하고 나섰습니다. 이유는 단 하나, 남자가 전라도 출신이라는 것이었습니다.

물론 딸은 터무니없는 어머니의 반대를 받아들일 수 없다며 반기를 들었지만 어머니는 막무가내였습니다. 그 남자와 결혼하면 죽어 버리겠다며 농약을 사다 놓고 딸을 협박했습니다. 아무리 그 남자가 소중해도 자식으로서 어머니를 죽이면서까지 시집갈 수는 없는 노릇이었습니다. 딸은 결국 그 남자와의 결혼을 포기하고 말았습니다. 하지만 어머니를 향한 미움과 증오가 끓어오르는 것은 어쩌지 못했습니다. 딸은 어느 날 어머니가 그녀를 위협하기 위해 사다 놓은 농약을 마시고 목숨을 끊어 버렸습니다.

편견을 가진 사람은 이렇듯 자신도 모르게 독소를 내뿜어 주변 사람들을 해치게 됩니다. 우리 모두 어쩌면 이러한 지역감정 혹은 출신 지역에 대한 편견으로 사람을 판단한 경험이 있을지 모릅니다. 흑인이나 동남아시아에서 온 외국인 노동자들을 보면 어떤 생각이 드십니까? 일단 얕잡아 보는 마음을 갖게 되지는 않던가요? 미국이나 구라파의 백인들 역시 우리 동양인들을 그렇게 얕잡아 보는 성향을 갖고 있습니다. 아무리 잘해 주는 것 같아도 어느 순간에 이런 성향을 드러냅니다. 하나님은 사람을 외모로 판단해서는 안 된다고 분명히 경계하셨습니다.

오만과 편견, 성숙과 포용

편견으로 가득 찬 길바닥 심리는 신앙인들 중에서도 얼마든지 찾아볼 수 있습니다. 우리 교회, 우리 교단만 구원받는다고 생각하는 교회 이기주의와 교단 이기주의가 바로 그것입니다.

교인들이 서로 다른 교단을 백안시하는 것은 신앙적으로 자기밖에 모르는 행위입니다. 좀 더 넓은 생각으로 바라보면 교단마다 나름대로 타당한 이유를 가지고 있다는 것을 발견할 수 있습니다. 똑같이 주님을 구주로 영접하면서도 주장하는 바가 조금씩 다를 뿐입니다.

이를테면 감리교나 순복음교회는 뜨겁고, 장로교는 칼뱅주의를 따라서 냉철하다는 특색이 있습니다. 내가 속해 있는 기독교 장로교단은 사회 구원을 주장합니다. 정치 구조를 바꾸어서, 즉 바탕을 바꾸어서 사회 전체를 향상시켜 보자는 것입니다. 그렇다고 개인 구원을 등한히 여기는 것은 아닙니다. 이에 비해 보수적인 교단에서는 사회 구원보다는 개인 구원에 중점을 둡니다. 그렇다고 이웃과 사회를 돌아보지 않는 것은 아닙니다. 이처럼 여러 교단이 같은 본질 속에서 추구해 가는 방법만 조금씩 다른 것입니다. 그러므로 자기 교단과 다르다 해서 타 교단을 이단시하는 것은 어리석고 악한 일입니다.

이런 생각은 좁은 사고(思考)에서 비롯됩니다. 예수님은 마음밭이라는 비유를 통하여 우리에게 '너와 생각이 다른 사람이 있다. 곧 네 주장과 다른 주장을 하는 사람도 있다.'는 사실을 깨우쳐 주셨습니다.

대화를 나누거나 회의를 할 때 길바닥 마음을 가진 사람은 두드러지게 표가 납니다. 회의를 하면서 누군가 자기와 다른 의견을 말하면 벌떡 일어나서 단호한 어조로 반대를 외칩니다. 그러나 건강한 사람은 반대 의견을 말할 때에도, "좋은 의견이십니다만 저는 이러저러하게 생각합니다."라며 포용적인 태도를 보입니다.

부부 싸움을 할 때도 마찬가지입니다. 길바닥 마음을 가진 사람은 배우자가 자기와 다른 생각과 의견을 제시하면 윽박지르고 무시해 버립니다. 그러나 건강한 사람은 설령 상대방이 터무니없는 얘기를 하더라도 적당한 때를 택하여 "여보, 나는 그 문제에 대해 이렇게 생각한다오."라면서 부드럽게 자신의 의견을 피력할 줄 압니다.

만일 누군가가, 특히 배우자가 당신과 다른 생각이나 용납할 수 없는 말을 해 온다고 해도 단정적이고 모멸에 찬 목소리로, "안 돼!"라고 말해서는 안 됩니다. 그보다는 포용력 있는 자세로 자신의 의견을 말해야 합니다. 이런 태도가 인간관계를 좀 더 풍성하고 성숙하게 만들어 줍니다.

상대방의 입장을 이해하지 못하는 길바닥 마음 때문에 우리 민족은 역사적으로 많은 아픔을 겪어 왔습니다. 현대사만 해도 수많은 사람들이 공산주의 때문에, 혹은 민주주의 때문에 죽임을 당했습니다. 공산주의자들은 자기네들만 진리의 길을 간다고 여겼고, 반대로 민주주의자들은 공산주의를 인류의 적으로 여겼습니다.

상대의 사상을 다양한 가치 체계 중 하나로 인식하지 못하는 길바닥 마음 때문에 소중한 인명이 얼마나 많이 희생되었는지 모릅니다. 엄밀히 말하면, 공산주의니 민주주의니 하는 어떤 주의나 사상이 희생자를 만들어 낸 것이 아닙니다. 바로 자기 것, 자기 생각만 옳다고 고집하는 독선주의, 즉 길바닥 마음이 그런 잔인한 결과를 만들어 낸 것입니다.

나와 다른 사상을 가진 사람이나 나와 다른 신학을 가진 사람이 얼마든지 있을 수 있습니다. 또 나와 정반대의 길을 택하는 사람들도 얼마든지 있을 수 있습니다. 예수께서 말씀하신 옥토밭은 '있을 수 있는' 모든 개연성을 인정하는 데서 일구어지는 것입니다.

하지만 사고의 전환이 쉬운 것은 아닙니다. 때론 아무리 노력해도 자신이 가진 것과 완전히 상반되는 다른 것을 이해하는 일이 불가능한 경우도 많습니다. 그럼에도 우리의 마음을 옥토로 가꾸기 위해서, 그리고 길바닥 마음을 만드는 편견과 아집에서 벗어나기 위해서 우리는 끊임없이 노력하고 기도해야 합니다.

먼저 손 내밀기

최근에 읽은 책에 아주 감동적인 내용이 있었습니다. 그 책은 장애인 올림픽에 관련된 이야기를 다루고 있었는데, 그중 100미터 경주에서 일어났던 일입니다.

장애를 가진 선수들은 무려 4년간 열심히 준비해 온 실력을 뽐내기 위해 모두 휠체어를 타고 출발점에 섰습니다. 이제 총성이 울리기만 하면 경주가 시작되는 순간이었습니다. 모든 선수들의 얼굴에 숨 막힐 듯한 긴장감이 흐르고 있었습니다. 드디어 심판이 출발을 알리기 위해 총신을 하늘로 향하고 막 방아쇠를 당기려는 순간 한 선수가 앞으로 튀어 나갔습니다. 긴장한 나머지 총소리가 울린 줄로 알았던 것입니다. 그 선수가 출발점으로 돌아오자 경기가 다시 진행되었습니다.

'땅' 하는 총소리와 함께 선수들이 일제히 출발했습니다. 모두들 혼신의 힘을 다해서 휠체어를 밀고 또 밀었습니다. 그동안 갈고닦은 기량을 최대한 발휘하며 우승을 향해 앞으로 나아가고 있었습니다. 비록 정식 올림픽대회는 아니라 해도 올림픽은 올림픽입니다. 장애인 선수들은 비장애인 선수들 못지않은 투지와 집념을 불사르며 사력을 다해 전진하고 있었습니다.

선수들은 불과 100미터밖에 안 되는 단거리경주에 인생 전부를 건 듯

달리고 또 달렸습니다. 전신에 땀이 비 오듯 흘러내렸고, 휠체어를 미는 팔근육에 푸른 혈관이 뱀처럼 울퉁불퉁 솟아 있었습니다. 앞서거니 뒤서거니 우열을 가릴 수 없는 접전이 한동안 계속되었습니다. 그러는 가운데 선두를 달리던 한 선수가 휠체어와 함께 넘어졌습니다. 넘어진 선수는 일어나려고 안간힘을 썼지만 쓰러진 휠체어와 함께 불편한 몸을 일으켜 세우는 일은 보통 일이 아니었습니다.

이때 믿기지 않는 일이 벌어졌습니다. 앞서서 달리던 한 선수가 경기를 포기하고 되돌아와 넘어진 동료를 일으켜 세우기 위해 안간힘을 쓰기 시작했던 것입니다. 그러자 나머지 선수들도 모두 경기를 포기하고 되돌아와 합심하여 쓰러진 동료를 일으켜 세운 뒤 서로 부둥켜안고 울었습니다. 그리고 다음 순간 선수 전원이 한 줄로 나란히 서서 결승점을 향해 휠체어를 밀었습니다. 경기장에 모인 모든 사람들이 이 아름다운 광경을 보고 눈물을 흘리며 박수갈채를 보냈습니다.

오늘 우리 사회는 나만 일등 하면 된다는 사람들에 의해 지배되고 있습니다. 다른 사람이야 죽든 살든 나만 잘살면 된다는 길바닥 마음을 가진 사람들이 성공한 사람으로 존중받는 세상입니다. 장애인 올림픽 선수들처럼 곤경에 빠진 동료에게 손을 내미는 인정이 그리운 시대입니다.

적과의 동침

　잣대 심리란 자기가 만들어 놓은 잣대로 다른 사람을 판단하는 심리를 말합니다. 이런 심리를 가진 사람은 자신이 세운 기준에 맞춰서 사람을 평가합니다. 이런 사람은 상대가 자신의 잣대에 맞으면 수용하고, 맞지 않으면 적으로 돌려 버립니다. 문제는 이런 사람의 잣대에 맞는 사람이 그다지 많지 않다는 사실입니다.

　이런 사람은 자신의 잣대보다 더 크거나 혹은 더 작은 사람을 용납하지 못합니다. 자신의 틀에 맞지 않는 사람을 적대시하는 것입니다. 그러나 어떤 경우에도 자신의 틀에 다른 사람을 맞추는 일은 불가능합니다. 인간 개개인이 전부 개성이 다르고, 생각 하는 바가 다르고, 경험한 세계가 다른데 어떻게 자기 틀에 딱 맞는 사람을 발견할 수 있겠습니까? 무엇보다도 만사의 기준이 될 만큼 완벽한 사람은 이 세상에 존재하지 않습니다. 그러므로 자신의 틀에 맞는 사람만 옳다고 여긴다면 외롭고 불행해집니다.

　한 여성의 이야기입니다. 그녀와 그녀의 남편은 결혼한 지 36년이 되었는데, 결혼한 뒤로 싸우지 않고 지낸 날이 거의 없을 정도로 부부 관계가 원만하지 못했습니다. 상대를 공격하기 위해 손톱을 날카롭게 세우고 서로의 가슴에 생채기를 내는 일이 다반사였습니다. 그러니 36년을 함께 살아오면서도 서로에게 애틋한 정을 느낄 수가 없었습니다. 애틋한 정은커녕 원수가 따로 없었습니다. 도대체 무엇 때문에 그런 결혼 생활을 유지하는지 그들 자신도 이해할 수 없을 정도였습니다.

친구들과 함께 떠난 미국 여행길에서 그 여인은 마침내 남편과 이혼하기로 결심했습니다. '그래, 지금이라도 늦지 않았어. 이제라도 과감히 이혼하고 새로운 삶을 찾아보는 거야!'

50일간의 미국 여행 기간 동안 그녀는 온통 이 생각에만 빠져 있었습니다. 한국에 도착하자 여인은 자녀들을 불러 놓고 자신의 결심을 이야기했습니다. 어머니의 말에 결혼한 세 아들 모두 고개를 끄덕여 주었습니다. 그런데 대학생인 막내아들이 어머니의 뜻에 반대를 하고 나섰습니다. 이유인즉 자기가 결혼할 때까지만 참아 달라는 것이었습니다. 막내아들만 이기적인 이유로 부모의 이혼에 반대했을 뿐, 자식들조차 이 부부의 파경을 막으려 하지 않았을 만큼 부부 관계가 심각했던 것입니다. 부부는 막내아들 때문에 이혼을 뒤로 미룬 채 어영부영 결혼 생활을 지속했습니다.

그러던 중 그 여인이 우연한 기회에 내가 진행하는 치유 세미나에 참석하게 되었습니다. 그녀는 3일 동안 진행된 세미나에서 큰 충격을 받았습니다.

'지금까지 우리의 결혼 생활이 이처럼 불행했던 것은 바로 남편과 내가 서로를 있는 그대로 인정하려 하지 않고 자신의 잣대, 자신의 틀에 상대방을 맞추려 했기 때문이었구나!'

실제로 그들 부부는 36년간이나 적과의 동침을 지속해 왔습니다. 남편은 남편대로, 아내는 아내대로, 자신의 틀에 상대가 맞춰 주지 않는다며 화를 내고 비난하면서 서로의 자존심을 할퀴느라 건강한 결혼 생활을 유지하지 못했습니다. 그리고 그 오랜 싸움을 이혼이라는 물리적인 방법으로 끝내 버리려 할 때 막내아들이라는 장애물이 그것을 가로막았던 것입니다.

그녀의 깨달음은 가정을 살리는 데 소중한 청신호가 되었습니다. 가정을 살리는 일이야말로 민족을 살리는 길이며, 더 나아가서 창조주 하나님의 깊은 섭리에 동참하는 일입니다. 그녀는 남편의 틀이 자신의 것보다 더 크다는 사실을 인정했습니다. 그리고 지금까지의 불화가 자신의 작은 틀에 남편을 끼워 넣으려 하는 데서 발생했다는 사실에 주목했습니다.

집으로 돌아온 그녀는 이미 오래전부터 각방을 쓰고 있는 남편의 방문을 열고 조용히 남편을 불렀습니다. 부인이 부르는 소리에 남편은 신경질적으로 돌아보았습니다. 아내가 자기를 부를 때는 항상 시비를 가릴 일이 있다는 뜻이라는 걸 잘 알고 있었기 때문입니다.

"왜 그러는 거야?"

남편의 볼멘소리에 신경 쓰지 않고 부인은 짐짓 소리를 낮추고 은근한 음색으로 말을 건넸습니다.

"생각해 봤는데, 당신 됨됨이가 나보다 훨씬 낫더라."

전혀 뜻밖의 말이 아내의 입에서 튀어나오자 당황한 쪽은 남편이었습니다.

"지금 무슨 말을 하고 있는 거야?"

"당신의 그릇이 나보다 훨씬 큰데도 그동안 억지로 내 작은 그릇에 당신을 끼워 맞추려고 당신을 괴롭히고 억지를 부렸던 거 같아. 당신, 날 용서해 줄 수 있어요?"

설마 했던 남편이 놀란 눈으로 아내를 뚫어지게 바라보았습니다. 미심쩍어하는 표정이 역력했습니다.

"그 그게 정말이오?"

"정말이다마다요. 정말로 당신한테 미안해요. 앞으로는 그런 일 없을 거예요…."

그날 밤 두 사람은 밤새워 이야기를 나누었고, 누가 먼저랄 것도 없이 서로를 끌어안고 불꽃같은 사랑을 나누었습니다. 부부는 36년 만에 처음으로 온전히 하나가 되는 육체적 황홀감도 경험하게 되었습니다.

동부와 녹두의 조화

하나님은 모든 인간을 제각각 다른 씨로 태어나도록 창조하셨습니다. 그래서 모든 인간의 틀과 잣대가 다를 수밖에 없습니다. 하나님께서 모든 사람에게 한 가지 씨만 주지 않고 아주 다양한 씨를 주셨기 때문입니다. 이것이 바로 우리가 무한히 다양하기를 원하시는 하나님의 섭리입니다.

아무리 부부가 한 몸이라 해도 아내는 녹두, 남편은 동부의 속성을 갖고 태어났다면 각 씨앗의 특성에 맞는 형태를 취할 수밖에 없습니다. 아내에게서는 녹두꽃이 피고 남편에게서는 동부꽃이 피는 것이 맞는 이치입니다. 그런데도 상대가 자기와 다른 꽃을 피웠다며 싸움을 일삼는 부부들이 허다합니다.

나의 경우만 해도 그랬습니다. 결혼 전에는 내가 동부꽃을 피웠으니 아내도 동부꽃을 피웠을 거라고 철석같이 믿었습니다. 그러나 막상 결혼해 보니 아내에게는 동부꽃 대신 녹두꽃이 무성하게 피어 있었습니다. '남편이 동부꽃인데 어떻게 아내라는 자가 버젓이 녹두꽃을 피우고 있단 말인가!'

나는 도저히 그 사실을 용납할 수가 없었습니다. 그래서 우리 부부는 5년 반 동안 치열한 전쟁을 치렀습니다. 이런 우리 부부의 마음에 하나님께서 '들을 귀'를 허락하시고 말씀해 주셨습니다.

"사랑하는 자야, 부부가 하나 되려면 서로 다르다는 것을 인정해 주어야 한다. 남편과 아내는 서로 다른 꽃을 피우는 존재이니 이것을 인정할 때라야 비로소 서로 조화를 이룰 수 있단다."

그렇습니다. 서로 다르다는 것을 인정할 때 비로소 부부는 조화를 이룰 수 있게 됩니다. 서로 나르기 때문에 세상이 좀 더 다양하고 풍성해질 수 있습니다. 당신이 아름다운 것은 나와 다르기 때문입니다. 밥을 지을 때, 녹두와 동부를 함께 넣어서 지어 보세요. 어느 한 가지만 넣는 것보다 훨씬 조화로운 맛을 느끼게 될 것입니다.

닫힌 문빗장 열기

이 길바닥 마음은 지금껏 자신이 살아온 사회, 문화, 종교와 밀접한 관계가 있습니다. 몇 년 전 모 TV 프로에 소개되어 한참 동안 논란의 대상이 되었던 자녀의 수혈 거부 사건도 이런 맥락에서 이해될 수 있습니다. 부모의 그릇된 종교적 신념으로 치료 시기를 놓쳐 생사의 갈림길에 섰던 어린 자녀의 부모가 그 자녀의 병원 치료를 거부한 것은 그들이 믿는 종교가 그들에게 다른 것을 수용하지 못하도록 내몰았기 때문입니다. 그런 종교는 사람에게 구원의 길을 제시하는 것이 아니라 사람을 죽이는 길바닥 신앙을 가르칩니다. 누가 죽든 말든 어떤 굴레를 씌워서라도 자기들의 신조만 옳다고 주장하는 것이 이런 종교가 갖는 특징입니다.

길바닥 마음은 자기가 자라 온 문화 안에서 싹이 틉니다. 그래서 자신이 성장해 온 문화의 틀에서 벗어나지 못하는 특징이 있습니다. 나는 이런 형태의 길바닥 마음을 가졌다가 남편에게 맞아 죽은 한 여인을 알고 있습니다. 그 여인은 성장하면서 내내 "여자는 한번 시집가면 그 집에 뼈를 묻어야 한다."고 배웠습니다. 어찌나 철저하게 교육을 받았던지 그 말이 여인의 마음과 생각 속에 길바닥처럼 단단히 자리 잡았습니다. 그런데 불행하게도 그녀의 남편은 의처증 환자였습니다.

남편은 날마다 술을 먹고 부인을 구타했습니다. 하루도 몸이 성할 날이 없었습니다. 무자비한 구타를 당하면서도 여인은 묵묵히 참고 참았습니다. 이대로 있다가는 결국 맞아 죽을 것이니 다른 살길을 찾아보라고 주변 사람들이 아무리 권유해도 그녀는 말을 듣지 않았습니다. 이미 그녀의 가슴속에 길바닥처럼 단단하게 굳어 버린 '여자는 시집에 뼈를 묻어야 한다.'는 생각 때문이었습니다.

그녀는 자신을 보호하기 위한 어떤 조치도 강구하지 않은 채 점점 강도가 심해지는 남편의 매를 고스란히 맞다가 어느 날 저세상으로 떠나고 말았습니다. 직접 다른 사람을 괴롭히지는 않았지만 결과적으로 남편을 살인자로 만들고, 사랑하는 자식들에게는 일생 벗을 수 없는 멍에를 매어 준 채 비참하게 생을 마친 것입니다.

  그 여인을 죽인 것은 바로 그녀 자신의 생각이었습니다. 시집에 뼈를 묻어야 한다는 생각 외에 다른 자구책을 생각할 수 없게 했던 병적인 심리가 여인을 결국 비참한 죽음으로 몰아간 것입니다.

  지금도 우리 주변에는 이런 여인들이 헤아릴 수 없이 많이 있습니다. 매 맞는 아내에게 피신처를 제공하는 기관에는 지금도 수많은 여성들이 남편의 폭력에 희생된 끔찍한 모습으로 찾아들고 있습니다. 그들은 대부분 흠씬 두들겨 맞고도 신고 한 번 못 해 보고, 이웃의 신고로 겨우겨우 그곳에 위탁되어 온 사람들입니다. 이들도 그 여인처럼 '시집에 뼈를 묻겠다.'는 길바닥 심리를 갖고 있습니다. 당신도 지금 사회의 인습과 문화 전통에 사로잡혀서 새로운 세계를 못 보고 있지는 않습니까? 그렇다면 하루빨리 벗어나도록 하십시오.

3장

억압된 내면의 분노

한은 달래 주어야 합니다. 대적하거나 무시하지 말고 감싸 안고 달래 주어야 합니다.
그렇지 않고 과민하게 대처하고 억압해 버리면 오히려 거머리처럼 달라붙어서
마침내 지쳐 쓰러질 때까지 우리를 붙들고 괴롭힙니다.

맺힌 것 풀기

예수께서 말씀하신 열매 맺지 못하는 사람의 두 번째 특징은 가슴에 무거운 돌을 가득 담아 두고 있는 사람입니다. 누가복음에는 이것을 '바위'라고 표현합니다. 이 바위 때문에 씨가 떨어져 싹이 나더라도 뿌리를 내릴 수 없어 말라 버리고 맙니다. 예수님은 열매 맺지 못하는 사람들의 마음속에 이런 돌덩어리가 들어 있다는 것을 아셨습니다. 이 돌덩어리를 가리켜 우리는 한이 맺혔다고 말합니다.

'맺히다'는 단어는 '끈이 얽혀 있다'는 의미입니다. 그러므로 '한이 맺

혀 있다'는 말은 한을 풀어 버릴 수 있다'는 의미로도 해석할 수 있습니다. 놀라운 말이 아닐 수 없습니다. 그렇습니다. 한이란 맺히기도 하지만 맺힌 만큼 풀어 버릴 수도 있는 것입니다. 똑같은 말을 서양 사람들은 '상처를 입었다'라고 표현합니다. 상처는 다시 원래의 상태로 돌이킬 수 없지만 한은 언제든지 풀어 버릴 수 있습니다. 이 말에 한국인의 지혜가 숨겨져 있습니다.

한이란 무엇입니까? 한이란 분노의 앙금입니다. 다시 말해서, 분노한 감정의 응어리가 풀리지 않고 가슴속에 쌓여 있는 상태입니다. 죽은 사람은 열매를 맺을 수 없듯이 마음속에 한이 맺힌 사람도 열매를 맺을 수 없습니다. 왜냐하면 한이 맺힌 사람은 서서히 죽어 가고 있기 때문입니다. 가슴속에 한이 쌓이면 결국 몸의 병으로 나타나게 됩니다.

암 환자를 예로 들어 봅시다. 암 환자는 대부분 최소한 3년, 길게는 8년 전쯤에 큰일을 겪은 사람들이라고 합니다. 사업 실패, 뼈아픈 배신 등 여러 가지 사건으로 마음에 깊은 상처를 입은 사람이 이 한을 풀어 버리지 못하고 서서히 죽어 가는 현상, 바로 암이라는 질병으로 나타난다는 것입니다.

좁쌀, 졸장부, 좀생이

인간은 마음속에 한이 맺히는 순간부터 죽어 가기 시작합니다. 그 죽음의 길에서 돌이켜 행복한 부부 생활을 하고 있는 한 부부를 소개하겠습니다.

　남편은 지방 출신으로 서울에 올라와 명문대를 졸업한 뒤 대기업에 취직, 승승장구 출세 가도를 달리고 있었습니다. 겉으로 보기엔 무엇 하나 부러울 것 없는 중산층 가정이었습니다. 그런데도 그의 아내는 늘 시름시름 앓고 있었습니다. 얼굴은 항상 혈색 없이 창백했고 무슨 일에도 의욕이 없어 보였습니다. 그러나 일중독자인 남편은 이미 오래전에 웃음을 잃어버린 아내의 무표정한 얼굴과 날로 수척해지는 몸을 눈치도 채지 못했습니다.

　사실 이 부부의 문제는 신혼 초로 거슬러 올라가야 합니다. 은연중에 집안 어른들로부터 "아내와 조잘거리는 남편은 좁쌀이다."라는 편견의 세례를 받고 자란 남편은 퇴근하고 집에 돌아와서도 아내에게 다정한 말 한마디 건네지 않았습니다. 다정한 말은커녕 일찍 귀가하는 일조차 부끄럽게 여겨 밤늦게 들어왔다가 새벽에 나가는 생활을 반복했습니다.

　그는 다른 사람이 다 퇴근한 뒤에도 사무실에 혼자 남아서 일에 매달렸습니다. 그런 까닭에 남보다 빨리 출세도 하고 경제적인 안정도 누리게 되었지만 불행히도 이런 생활은 아내의 생명을 담보로 한 것이었습니다. 남편으로부터 평생 다정한 말 한마디 들어 보지 못한 아내, 남편을 일에 빼앗긴 그의 아내는 어느 때부턴가 시름시름 죽어 가기 시작했던 것입니다.

　그가 이렇듯 아내에게 무심했던 것은 자라 온 가정환경과 문화의 영향 탓이었습니다. 그는 한 번도 그의 아버지와 어머니가 마주 앉아 다정하게 이야기하는 모습을 본 적이 없었습니다. 식사를 할 때도 남자들은 방 안에서 여자가 차려다 주는 밥상을 받아 식사를 했고, 어머니를 비롯한 여자들은 부엌에서 밥을 먹었습니다. 아무리 추운 겨울날이라 해도 감히 여자들이 방에 들어와 밥을 먹는 일은 없었습니다. 여자가 형편없이 천시되는 가정에서 성장했던 것입니다. 이런 문화적 배경이 그의 마음에 여성을 존중하지 못하게 하는 마음을 심어 놓았습니다.

한편으로 그의 아내는 매일매일 밤이 늦어서야 돌아오는 무뚝뚝한 남편으로부터 헛되이 사랑을 갈구하다가 가슴속에 차곡차곡 한이 쌓여 갔습니다. 사람은 사랑을 주고받아야 살 수 있는 존재이니까요. 무심한 세월은 남편의 사랑을 확인하지 못하는 부인의 몸을 잔인하게 갉아먹기 시작했습니다.

결혼한 지 13년 만에 남편은 어느 날 문득 아내가 몸도 잘 가누지 못할 만큼 비쩍 여위고 병색이 완연하다는 사실을 깨닫게 되었습니다. 그토록 무심했던 남편이었지만 병색 짙은 아내의 모습을 보니 가슴이 아팠습니다. 아내의 얼굴은 검게 변해 있었고, 음식도 잘 먹지 못했습니다. 심지어 밥을 짓는 일조차 힘겨워했습니다. 남편의 가슴이 철렁 내려앉았습니다. 남편은 어느 날 출근하기 전에 아내를 병원에 데리고 가서 종합검진을 받게 했습니다. 의사는 심각한 표정으로 고개를 흔들었습니다. 그러고는 부인의 병이 너무나 심각해서 어떻게 손써 볼 도리가 없으니 집으로 데려가는 것이 좋겠다고 말했습니다. 남편은 의사의 말이 '이제는 수술하기에도 늦었으니 부인을 편히 가도록 해 주라.'는 뜻임을 알았습니다. 그의 가슴속에 말로 형언할 수 없는 회한이 밀려들었습니다.

미련한 사랑

이튿날부터 남편은 퇴근하자마자 곧장 집으로 향했습니다. 집에 돌아온 남편이 하는 일이란 저녁을 먹은 후 말없이 신문을 펼쳐 드는 것이 고작이었습니다. 하루 이틀 사흘…, 남편은 매일같이 일찍 들어와서는 말없이 신문을 펼쳐 들고 등을 보인 채 앉아 있다가 잠이 들곤 했습니다.

자신이 죽을병에 걸렸다는 사실을 꿈에도 모르는 부인은 남편의 갑작스런 변화에 무척 놀랐습니다. 처음에는 '어쩌다 일찍 들어온 거겠지….'라고 생각하면서도 내심으로는 무척 기뻤습니다. 그런데 매일매일 일찍 들어오는 남편을 보니 더럭 겁이 났습니다.

'이이가 혹시 회사에서 쫓겨난 게 아닐까?'

닷새째 되는 날 아내는 등을 돌린 채 신문을 보고 있는 남편을 유심히 살펴보았습니다. 가끔 남편의 등이 크게 움직이고 있었습니다. 신문을 읽고 있는 줄로만 알았던 남편이 사실은 울고 있었던 것입니다. 깜짝 놀란 아내가 남편을 돌려세우며 물었습니다.

"당신, 회사에서 쫓겨났어요? 그런 거예요?"

남편은 울어서 붉게 충혈된 눈으로 아내를 뚫어져라 쳐다보면서 울먹거렸습니다.

"여보, 미안해. 그동안 내가 당신한테 너무했어. 나 때문에 당신이 이렇게 아프게 된 거야. 헉…."

순간 아내는 자신이 심각한 병에 걸렸다는 사실을 직감했습니다. 삽

시간에 절망감이 그녀를 덮쳐 왔고 손가락 하나도 꼼짝할 수 없을 만큼 전신에서 힘이 쏙 빠져나가는 느낌이 들었습니다. 아내가 충격으로 몸을 가누지 못하고 자리에 드러누웠는데도 남편은 다시 신문을 집어 들고 똑같은 자세로 훌쩍거릴 뿐이었습니다. 참으로 가공할 문화적 종속 현상이었습니다. 잘못된 문화에 종속되어 굳어진 남편의 마음이 이런 상황에서도 아내에게 사랑의 표현을 하지 못하도록 막고 있는 것입니다. 하지만 그때부터 아내는 남편을 새롭게 깨닫게 되었습니다.

'저리 무심한 사람도 마누라가 죽는다니까 눈물을 흘리는구나. 저 무심한 사람이 그래도 남편이라고 나를 생각하면서 밤마다 저렇게 울고 있었구나. 그 성격에 우는 모습을 보이기 싫어서 신문을 펼쳐 들고 날마다 숨죽여 울었었구나!'

아내의 가슴에 말할 수 없는 감동이 밀려들었습니다. 그리고 생전 처음, 남편의 사랑을 온몸으로 느낄 수 있었습니다. 눈물이 쏟아졌습니다. 등을 돌린 채 숨죽여 우는 남편을 바라보면서 아내도 하염없이 흐느껴 울기 시작했습니다. 이런 식으로 이들 부부는 두 달 동안 밤마다 숨죽여 울었습니다. 부인을 감싸 안고 울 수도 있으련만 여성에게 다정하게 대하는 것을 졸장부로 여기는 문화의 영향에서 벗어나지 못한 남편은 여전히 읽지도 않는 신문으로 얼굴을 가린 채 밤늦도록 어깨를 들썩이며 울음을 토해 내곤 했습니다. 그런 남편을 보면서 부인도 말없이 눈물을 흘렸습니다. 지나간 시간은 참으로 억울하고 덧없는 것이었지만, 밤마다 자기 때문에 울고 있는 남편에게서 형언할 수 없는 사랑과 미안함이 느껴졌습니다. 아내 된 자로서 무척이나 행복했습니다.

그렇게 두 달이 지났을 무렵 남편은 놀라운 사실을 발견했습니다. 의사의 말대로라면 지금쯤 사경을 헤매고 있어야 할 아내가 오히려 얼굴에 살이 붙고 화색이 돌기 시작한 것입니다. 전에는 앉고 일어서는 것조차 힘들어 보였는데 지금은 움직임이 훨씬 가벼워 보였습니다. 한눈에 봐도 아내의 상태가 호전된 것임이 확실했습니다. 남편은 아내를 데리고 다시 병원을 찾았습니다. 의사는 아내를 꼼꼼히 진찰하고 검사해 보더니 환하게 웃으며 말했습니다.

"축하합니다. 부인께 기적이 일어난 모양입니다. 무슨 영문인지 모르지만 부인의 병이 흔적도 없이 사라져 버렸어요. 완전히 정상입니다. 어떻게 된 일이죠?"

13년 동안 남편으로부터 사랑받지 못했던 마음의 응어리가 풀어지면서 아내의 몸에 기적을 일으켰던 것입니다. 그 순간에는 남편도 체면을 가리지 않고 아내를 힘껏 껴안으며 울음을 터뜨렸습니다. 지금까지 헤어나지 못했던 잘못된 문화의 영향에서 벗어나는 순간이었습니다.

주님 앞에 짐 벗어 놓기

잘못된 문화 전통은 머리에 돌덩이를 이고 가는 것과 같습니다. 돌덩이를 이고 걸어가면 무거워서 허리가 저절로 휘게 됩니다. 그런데도 자신이 짐을 지고 있다는 사실을 깨닫지 못합니다. 하지만 깨닫지 못한다고 해서 짐에 눌리는 고통을 느끼지 못하는 것은 아닙니다. 짐이 무거우면 무거울수록 고통도 커집니다.

한(恨)이라는 돌덩이 짐이 점점 더 무거워지면 죽음을 맞게 됩니다. 이 고통에서 해방되는 길은 짐을 벗어 버리는 방법밖에 없습니다. 예수님은 이런 사람들을 향해, "내게로 와서 짐을 벗어 버리라."고 말씀하셨습니다.

이 짐은, 받아야 할 사랑을 받지 못했을 때 생깁니다. 더욱이 인간으로서 존경을 받지 못했을 때, 곧 사람 취급을 받지 못했을 때 점점 더 무거워집니다. 주위에서 그를 사람 취급하지 않고, 자기 마음을 알아주는 이가 하나도 없다고 느낄 때, 인생의 의미를 느낄 수 없을 때, 절망에 휩싸여 오랫동안 살아갈 때, 다시 말해서 받아야 할 사랑을 받지 못했을 때 우리 마음속에는 한이라는 돌덩이가 쌓이게 됩니다.

성경에 이런 마음을 가진 대표적인 사람이 나오는데 삭개오가 바로 그 사람입니다. 삭개오는 세리로서 돈과 권세를 모두 소유한 사람이었습니다. 그러나 그는 동족으로부터 매국노라고 멸시를 받는 사람이었습니다. 외모도 볼품이 없었습니다. 누구에게서도 사랑을 받지 못했습니다. 사랑은커녕 질시와 배척을 받았을 뿐입니다. 그런 까닭에 그는 사람들을 두려워했습니다. 대인기피증 환자가 되어 가고 있었습니다. 그래서 소문으로만 듣던 예수님이 마을을 지나가실 때에도 뽕나무 위에 몰래 숨어서 훔쳐볼 뿐이었습니다. 그가 뽕나무에 올라간 이유는 키 때문이 아니라 마음에 병이 들어서였습니다. 예수님을 가까이서 대면할 용기가 없어서 소극적인 행동을 보인 것입니다.

사랑의 예수님은 이런 삭개오를 알아보셨습니다. 연민이 가득한 눈으로 그를 바라보시며 뽕나무에서 내려오게 한 뒤 많은 사람들이 보는 앞에서 그의 집에 유하겠다고 말씀하셨습니다. 예수님은 어디에도 나서지 못하는 외로운 한 영혼을 보셨던 것입니다.

삭개오에게 예수님은 어떤 분이었을까요? 최초로 자신을 알아준 분이었을 뿐만 아니라 다른 사람들 앞에서 공공연히 자신의 존재를 확인해 주신 분입니다. 예수님은 그를 멸시하는 공중 앞에서 누가 뭐래도 나는 너를 사랑하고 정죄하지 않겠다고 선포하심으로써 그의 가슴속에 깊이 쌓여 있는 한의 응어리를 풀어 주셨습니다. 이런 예수님의 사랑 앞에서 가슴에 맺혀 있던 삭개오의 한이 일시에 치유되었습니다.

한(恨)의 증상

첫째, 심리가 불안합니다.

불안 심리란 무슨 일이든 '안 될 것 같고 잘못될 것' 같은 심리를 말합니다. 이런 심리를 가진 사람은 현재 좋은 일이 일어나고 있어도 앞으로 나빠지게 될 것을 두려워하여 마음껏 기뻐하지 못합니다. 이런 심리를 가진 사람들은 호사다마(好事多魔)라는 말을 즐겨 씁니다. 심지어 자다가도 벌떡 일어나서 걱정할 정도입니다.

둘째, 심한 죄책감에 빠집니다.

자신이 뭔가 잘못한 것 같고, 어떤 보상을 해야 할 것 같은 기분에 시달립니다. 이런 사람은 기도할 때에도 '마땅히 죽어야 할 이 죄인…', '손톱의 때만도 못한 이 죄인…' 등의 수사(修辭)를 즐겨 씁니다. 하나님이 우리를 사랑하시는데도 이것을 누리지 못하고 밤낮 죄인이라고 부르짖으며 죄책감에 시달리는 것입니다.

모든 인간은 근본적으로 죄인이며 죄의 속성을 가지고 있습니다. 그러므로 잘못을 저질렀을 때 죄책감을 느끼는 것은 당연합니다. 그러나 모든 것을 죄로 인식하여 지나치게 죄책감에 빠져 허우적대는 것은 옳지 않습니다. 실제 별 잘못한 것도 없으면서 자신의 삶 전체가 온통 죄로 뒤덮인 것처럼 사는 사람들도 있습니다. 극심한 죄책감은 삶의 에너지를 무력화하여 의욕 상실을 불러오기 쉽습니다.

셋째, 불면증에 시달립니다.

마흔 고개를 넘기면서부터 마음속에 맺힌 한이 불면증으로 나타나는 경우가 많은데, 이때 흔히 '수면제를 먹으면 낫겠지.' 하고 예사로 넘기기 쉽습니다. 하지만 이것은 무지한 행동입니다. 불면증은 한이 풀리기 전에는 절대로 치유되지 않습니다. 그러므로 수면 장애가 있다면 가슴속에 쌓인 한이 있는지를 먼저 살펴보아야 합니다. 근본적인 문제를 도외시한 채 그때그때 드러나는 현상만을 다스리다 보면 결국 큰 병을 키울 수 있습니다.

넷째, 무기력해집니다.

삶의 활기와 의욕을 잃어버리고 무슨 일에든 흥미를 잃어버리기 쉽습니다. 아무 일도 하고 싶지 않아서 청소나 설거지조차 미루다가 집 안이 쓰레기장이 되는 경우도 많습니다. 귀찮아서가 아니라 손 하나 까딱할 수 없을 만큼 무기력해지기 때문입니다. 산적한 일거리들을 두고 머릿속으로만 '저 일들을 빨리 해치워야 할 텐데….'라고 생각하면서 막상 손을 대지는 못합니다.

아이들 가운데도 이런 유형이 있습니다. 이런 아이들은 책상에 오래 앉아 있어도 공부에 집중하지 못합니다. 그냥 책상에 앉아서 '공부해야 할 텐데….'라며 걱정만 할 뿐입니다. 성경에서는 이런 사람을 가리켜 "마음은 원이로되 육신이 약하도다."라고 말합니다. 정신의학적으로는 이런 증상을 '우울증'이라고 부릅니다.

다섯째, 식욕이 떨어집니다.

신체가 급속히 약화되는데도 식욕을 전혀 느끼지 못하며 급기야 영양실조에 걸리게 됩니다. 그런가 하면 음식을 지나치게 탐하여 건강을 해치기도 합니다. 먹는 것으로 한을 잠재우려 하기 때문입니다. 이렇듯 한은 사람을 죽이는 무기가 될 수 있습니다. 우리를 서서히 죽음으로 몰아가는 것입니다. 한은 여러 가지 무기로 우리를 공격하는데, 때로는 불안감, 때로는 죄책감, 때로는 불면증, 때로는 거식증이나 폭식증으로 우리를 공격해서 마침내는 죽음으로 이끌어 갑니다.

남편과 사별한 어느 중년 여인이 외국에 여행을 갔다가 그곳에서 한 남자를 만나 결혼했습니다. 그런데 불행하게도 여인의 새 남편은 바람둥이였습니다. 그녀 말고도 내연의 처가 둘이나 더 있었습니다. 말도 잘 통하지 않고 문화도 낯선 곳이어서 여인은 모든 것을 잊어버리는 수단으로 뜨개질을 시작했습니다. 뜨개질을 하는 동안에는 쉬지 않고 음식을 먹어 댔습니다. 5년의 시간이 흐른 뒤 여인의 몸은 도저히 알아볼 수 없을 정도로 비대해졌습니다. 이런 그녀를 보고 건강하다고 말할 사람은 아무도 없을 것입니다.

여섯째, 일중독에 빠집니다.

가슴속에 한이 쌓인 사람은 무슨 일을 하더라도 적당히 하는 법이 없습니다. 한번 일을 잡으면 끝장을 볼 때까지 놓지 않습니다. 이런 사람은 건강을 위해 시작한 운동조차도 적당히 할 줄 모릅니다. 운동을 시작하면 몇 시간씩, 지쳐 쓰러질 때까지 계속합니다. 하지만 이것은 자신을 죽이는 행위입니다. 이런 사람은 직장에서 하던 일을 집에까지 가져와서 밤을 새워 일하곤 합니다. 이처럼 지나치게 일에 집착하는 것도 병적입니다.

일곱째, 쾌락에 쉽게 빠져듭니다.

이런 사람이 쾌락에 빠져들면 좀처럼 헤어나지 못합니다. 한번 술을 마시기 시작하면 알코올중독으로 생을 마감할 때까지 술독에서 빠져나오지 못하고, 기도를 시작하면 몸살이 나서 병원에 입원할 때까지 자리를 뜨지 않습니다. 이런 사람은 신앙생활도 격정적인 것을 좋아합니다. 희열이 느껴지고, 혼이 나갈 만큼 극적인 상태를 느낄 수 있어야 제대로 믿는 것이라고 여겨집니다. 주일날 예배당에 가서 예배드리고 오는 것으로는 양이 차지 않습니다. 이렇게 광적인 행동을 하는 사람들은 대체로 이단에 빠질 가능성이 높습니다. 이단에 빠진 사람들 대부분이 한이 많은 사람들인 것도 이 때문입니다.

여덟째, 성격이 급합니다.

이런 사람들은 동승하기 겁날 만큼 운전을 거칠게 합니다. 또 병적인 분노를 나타내기도 하는데, 병적인 분노는 일반적인 분노와는 다른 양상으로 나타납니다. 이성을 잃어버릴 정도로 얼굴이 붉어지면서 갑자기 터져 나옵니다. 운전을 하다가 다른 차가 끼어드는 걸 보면 보통 사람들은 몇 마디 욕을 하고 말지만 이런 사람들은 그 차를 따라잡아 분풀이를 해야만 직성이 풀립니다.

이런 사람이 집 안에서 노를 발할 경우 집 안 물건이 남아나지 않습니다. 금방 후회할지언정 그 순간만큼은 인사불성이 되어 물건을 던지거나 부수어 버리는 까닭입니다. 특히 자녀들이 잘못을 했을 때 필요 이상으로 불같이 화를 내며 닦달합니다. 공부하지 않고 텔레비전 앞에 앉아 있는 아이를 보면 속에서 열이 치받치고 얼굴이 붉으락푸르락해진다면 거의 틀림없이 가슴속에 한이 쌓인 사람입니다.

아홉째, 병적인 공포를 느낍니다.

병적 공포란 무서워하지 않아야 할 것에 두려움을 느끼는 공포를 말합니다. 이런 사람은 손을 자주 씻는다든가 습관적으로 주변을 닦는 증상을 보입니다. 심한 경우 껍질이 벗겨질 때까지 손을 씻어 댑니다. 보이지 않는 병균에 대해서까지 아주 과민한 반응을 보이는 것입니다.

한의 치유―감싸 안고 달래 주기

예전에 어느 권사님 댁에 초대를 받아 간 적이 있습니다. 그 권사님은 이것저것 열심히 음식을 준비하여 우리 부부를 대접해 주었습니다. 그런데 음식을 먹으려는 순간 독한 냄새가 코를 찔렀습니다. 심지어는 권사님이 권하는 밥을 한 입 먹으려다가 순간적으로 뱉어 낼 뻔하기도 했습니다. 세제 냄새 때문이었습니다. 알고 보니 그 권사님이 병균을 소독한다며 쌀과 반찬거리 모두를 세제로 씻었던 것입니다. 우리는 결국 적당한 핑계를 대고 부랴부랴 그 댁을 빠져나올 수밖에 없었습니다. 슬프게도 그 권사님은 오랜 기간 그런 음식을 먹어 온 것이 화근이 되어 얼마 후 세상을 뜨고 말았습니다.

그 권사님은 신혼 초에 남편에게서 소박을 당한 뒤 피붙이 하나 없이 혈혈단신으로 외롭게 살아왔다고 합니다. 신앙심 하나로 그간의 세월을 버티며 수절을 해 왔는데, 보다 못한 친구들이 개가할 것을 강권하기도 했습니다. 그렇게 살다가 끝내기에는 인생이 애달프니 팔자를 한번 고쳐 보라고 말했습니다. 그러나 그 권사님에게 그런 행위는 감당할 수 없는 죄악처럼 여겨졌습니다. '한번 결혼을 했으면 어떻든지 남편을 따라 살아야지 팔자를 고치다니….' 말도 안 되는 일이라고 생각했습니다.

하지만 독수공방의 세월 속에서 남자의 그늘이 그리울 때도 있고, 개가하라는 친구들의 권유에 귀가 솔깃해질 때도 있었습니다. 그때마다 그녀는, '아이고, 이 죄인, 이 더러운 생각, 하나님 용서해 주십시오!'라고 고개를 내저으며 심한 죄책감 속에서 자신을 혹독하게 나무라곤 했습니다. 이런 죄책감이 점차 강박감으로 발전하면서 세균에 대한 공포로 발전하게 되고 끝내 귀한 목숨을 잃게 했던 것입니다. 만일 그 권사님이 자신의 욕구에 자연스럽게 대처했더라면 좀 더 건강하고 풍성한 인생을 살 수 있지 않았을까 안타까운 마음이 컸습니다.

이렇게 한은 외로움에서 기인되기도 합니다. 외로움이 쌓이면 한이 됩니다. 아무도 나를 알아주지 않을 때, 사랑받아야 할 대상으로부터 사랑받지 못할 때 인간은 외로움이라는 병에 걸리고, 이 병이 깊어지면 한이 됩니다. 즉, 한은 병든 외로움인 것입니다.

그래서 한은 달래 주어야 합니다. 대적하거나 무시하지 말고 감싸 안고 달래 주어야 합니다. 그렇지 않고 과민하게 대처하고 억압해 버리면 오히려 거머리처럼 달라붙어서 마침내 지쳐 쓰러질 때까지 우리를 붙들고 괴롭힙니다. 그러므로 비록 자기 안에서 건강하지 못한 음욕이 일어난다 하더라도 상처를 싸매고 어루만지는 심정으로 부드럽게 달래 주어 적절히 처리하는 것이 현명한 일입니다.

4장
허위적 체면 의식

자기 삶의 고삐를 잡지 못하고 다른 사람에게 주어 버린 사람은 끊임없이
'내가 어떻게 해야 저 사람이 좋아할까? 어떻게 해야 저 사람의 마음에 들까?'에만 골몰합니다.
행동의 초점이 모두 상대방의 마음을 사로잡는 데에 맞춰져 있는 것입니다.

벤츠에 내어 준 것

병든 운전사의 세 번째 스타일은 '가시덤불 마음'입니다. 가시덤불 마음이란 마음속에 근심, 걱정, 불안, 시기, 질투와 같은 감정들이 얽히고 설켜서 제대로 된 방향으로 삶의 에너지를 쓰지 못하게 하고 쓸데없는 데 허비해 버리도록 하는 마음입니다. 즉 체면 때문에 자신의 삶을 멋있게 살아가지 못한다는 말입니다. 왜 쓸데없는 곳에 소중한 삶의 에너지를 쏟아 버리게 되는 것일까요?

이 역시 병든 운전사가 인생의 키를 잡고 있기 때문입니다. 삶의 에너

지를 엉뚱한 곳에 쏟아 버리게 하는 여러 형태의 병든 운전사로는 첫째, 누가 잘됐다는 얘기만 들으면 속이 뒤집어지는 놀부형이 있습니다. "사촌이 논을 사면 배가 아프다."는 속담이 이런 상태를 적절히 설명해 줍니다. 사촌이 논을 사는데 왜 내 배가 아프다는 말입니까? 하나님께서 나를 이 땅에 보내실 때, 내가 먹을 수 있는 음식과 그 음식을 소화시킬 수 있는 에너지를 함께 주셨습니다. 그런데 이웃이 논을 샀다는 얘기를 들으면서부터 소화가 되지 않는 것은 소화시키는 데 사용될 에너지가 어디론가 사라져 버렸다는 것을 의미합니다.

두 가정이 있었습니다. 두 가정의 부인들은 이웃 간의 정이 도타워 오순도순 잘 지냈습니다. 두 집 모두 같은 종류의 자동차에 같은 크기의 집을 소유하고 있었습니다. 그러던 어느 날, 이쪽 집의 부인이 창밖을 바라보다가 저쪽 집의 부인이 억대가 넘는 새 자동차를 몰고 외출하는 장면을 목격했습니다. 그 순간, 이쪽 부인의 얼굴이 창백해지면서 가슴이 심하게 두근거리기 시작했습니다. 남편이 퇴근해 들어오자 부인은 남편을 보고 냅다 소리를 질렀습니다.

"저 집은 1억짜리 벤츠 샀어!"

그날부터 그 집에서 거짓말처럼 부부 사이의 사랑과 가정의 평화가 사라져 버렸습니다. 그뿐만 아니라 감사하는 마음과 하나님의 은혜를 깨닫는 마음도 함께 사라졌습니다. 그 부인은 옆집 부인의 벤츠만 보면 속이 뒤틀렸습니다. 그때마다 그녀는 남편을 붙들고 바가지를 긁었습니다.

"저 집은 벤츠를 사는데 당신은 왜 못 사는 거야?"

부인의 성화에 지친 남편은 아내의 얼굴만 봐도 속이 부글거렸습니다. 한 달 이상 이런 상태가 지속되자 남편이 내게 구조 요청을 해 왔습니다. 내 서재에서 그 부인과 마주 앉았습니다.

"저 집에서 벤츠를 산 다음부터 집사님 가정의 행복과 부부간의 사랑이 어떻게 됐습니까? 그 뒤로 감사와 사랑의 기도를 해 보신 적이 있습니까? 하나님의 은혜를 느껴 보신 적은요?"

부인은 무거운 표정이 되어 고개를 저었습니다.

"집사님, 저 집의 벤츠가 집사님께 무엇을 달라고 하던가요?"

"어떻게 차가 뭘 달라 하겠어요?"

"맞습니다. 집사님, 저 차가 뭘 달란 것도 아닌데, 저 차가 나타나면서부터 집사님은 집사님이 누려야 할 은총의 삶, 축복의 삶, 평화의 삶, 사랑의 삶을 잃고 말았어요. 집사님이 그것을 모두 저 벤츠에게 내주었기 때문입니다."

"… 그렇군요."

사실 이 부인에게 그 소중한 것들을 내 달라고 요구한 사람은 아무도 없었습니다. 부인 스스로 시기심 때문에 옆집의 새 자동차와 그것들을 맞바꿔 버린 것이지요. 하나님께서 마음껏 누리도록 주신 엄청난 생명의 자산을 하찮은 물건 따위와 맞바꾸어 마음속에 지옥을 불러들인 것은 바로 그 부인 자신이었습니다. 자신의 소중한 것을 하찮은 것과 맞바꾸는 행위는 어리석은 짓입니다.

주님은 가시덤불의 비유를 통하여 우리에게 이렇게 말씀하고 계십니다.

"어리석은 자들아, 정신 차려라. 내가 너희에게 준 생명의 에너지를 그런 쓸데없는 것들에 허비하지 말거라."

에너지를 헛되이 쏟지 않기

생활하면서 우리는 수없이 많은 가시덤불과 맞닥뜨리게 됩니다. 이 가시덤불에 에너지를 빼앗겨 버린다면 정작 살아가야 할 에너지마저 잃어버리게 됩니다.

우리는 항상 많은 사람들에 둘러싸여 살아갑니다. 그들 가운데는 아무 잘못이 없는데도 나를 미워하고 헐뜯는 사람이 있습니다. 그렇다고 해도 그런 것에 지나치게 에너지를 소모할 필요는 없습니다. 하나님께서 나에게 주신 생명의 에너지를 쓸데없는 곳에 쏟아 버리기에는 우리 인생이 너무나 소중하니까요. 그들이 나를 어떻게 물고 늘어지든지 크게 화를 낼 필요도, 신경 쓸 필요도 없습니다. 왜냐하면 우리 모두 자기 자신만의 고유한 삶을 살아가야 하기 때문입니다.

어떤 며느리가 있었습니다. 그녀는 늘 비슬거리며 거반 미친 것처럼 보이는 얼굴을 하고 있었습니다. 시어머니에게 그녀의 생명 에너지를 다 빼앗겨 버렸기 때문이었습니다. 꼭 그럴 만한 사정이 있는 것도 아니었습니다. 사실 그녀의 시어머니는 그녀에게 별로 잘못하는 일이 없었습니다. 무언가를 압박하는 것도 아니고 잔소리가 심하지도 않으며, 간섭하거나 미워하는 것도 아니었습니다. 더군다나 한집에 살지도 않았습니다. 시어머니는 가끔 아들네 집에 들러서 집안일을 거들어 주고 돌아갔습니다. 그게 다였습니다. 그런데도 그 며느리는 시어머니만 보면, 아니 시어머니 생각만 해도 온몸의 힘이 다 빠져나가는 것 같은 느낌이 들었습니다. 그래서 시어머니가 왔다 가시는 날에는 탈진해서 앓아누울 지경이었습니다.

우리나라 며느리들이 갖고 있는 공통적인 병 하나는 바로 시부모와 함께 있을 때 자기의 생명 에너지를 잃어버린다는 것입니다. 예수님이 이것을 보시면 얼마나 안타까워하시겠습니까! 이웃사촌이 논을 사면 배 아파하거나 다른 사람의 시선을 지나치게 의식하는 사람은 경직된 인성을 지닌 사람입니다. 이런 사람은 다른 사람들이 어떻게 생각하는가에 지나치게 집착하느라 정작 자신이 해야 할 일을 못하는 경우가 많습니다. 이것이 곧 병입니다.

이런 사람은 자기도 모르는 사이에 정신적으로 다른 사람의 노예가 되어 버립니다. 자기 삶의 고삐를 잡지 못하고 다른 사람에게 주어 버린 이런 사람은 끊임없이 '내가 어떻게 해야 저 사람이 좋아할까? 어떻게 해야 저 사람의 마음에 들까?'에만 골몰합니다. 행동의 초점이 모두 상대방의 마음을 사로잡는 데에 맞춰져 있습니다. 예를 들어, '내가 푸른 옷을 입었을 때 저 사람이 좋아하는 것 같았어.'라는 생각이 들면 계속해서 푸른 옷만 입고 다니고, '저 사람은 청바지보다 정장을 더 좋아하는 것 같아.'라는 생각이 들면 계속해서 정장만 입고 다닙니다. 그러나 이것은 자신의 삶이 아닙니다.

생명 에너지를 삼키는 가시덤불

우리나라 목회자들을 크게 넘어지게 하는 가시덤불들은 첫째, 교회 건물을 크게 짓고자 하는 욕망입니다. 지금도 수많은 목회자들이 예수 그리스도의 뜻을 이루는 데 쏟아야 할 관심을 여기에 쏟느라 귀한 생명 에너지를 소비하고 있습니다.

둘째, 교인 수입니다. 어떻게 하면 교인 수를 더 늘릴지 고민하느라 실제 사용해야 할 곳에 에너지를 사용하지 못합니다. 이들은 '하나님의 영광을 위해서'라는 그럴듯한 명분을 내세워 합리화하지만, 이런 일에 골몰하다 보면 정작 크리스천으로서 살아가는 데 필요한 삶의 에너지는 모두 고갈되고 맙니다.

또 어떤 사람은 명예나 권력, 인기를 얻는 데 자신의 생명 에너지를 소비해 버리기도 합니다. 그것을 얻기 위해 온갖 방법을 동원하고, 얻은 다음에도 잃게 될 것을 두려워하다가 결국에 그것들을 잃게 되면 살아갈 에너지까지 모두 잃어버리고 맙니다.

40일 동안 금식하신 예수님께 사탄이 와서 시험했습니다. "당신이 아무리 하나님의 아들이라고 해도 육신을 입은 이상 배고픔을 이길 수는 없을 거요. 지금까지 먹지 않고 살 수 있는 인간은 아무도 없었으니까. 이 돌멩이들로 떡을 만들어 보시오. 그러면 사람들이 당신의 능력을 보고 모두 달려올 것이오."

이것은 능력 있는 사람으로 만들어 주겠다는 엄청난 가시덤불 유혹이었습니다. 얼마나 많은 사람들이 능력 있는 사람이 되고 싶은 유혹에 시달리고 있습니까! 수고도 없이 손쉽게 얻을 수 있는 도깨비방망이 같은 능력을 원하는 사람들이 많습니다. 사탄은 이 유혹을 예수께 던졌습니다. 하지만 예수님은 떡으로 인류 구원의 역사를 이룰 수 없다는 사실을 잘 알고 계셨습니다.

그러자 사탄은 예수님에게 인기 있는 사람으로 만들어 주겠다는 두 번째 가시덤불을 던집니다. 예수님을 성전 꼭대기로 데려가서는, "이곳에서 뛰어내려 보시오. 그러면 천사가 달려와서 당신을 받쳐 줄 것이고, 이를 본 사람들이 당신에게 환호를 보낼 것이오. 당신은 평생 인기를 누리며 살 수 있소."라며 유혹했습니다.

'인기'란 참으로 매혹적입니다. 그래서 많은 목회자들이 이 인기라는 가시덤불에 걸려 넘어져서 연예인처럼 인기를 좇고 있습니다. 그러나 예수님은 이것이 하나님을 시험하고자 하는 사탄의 계략, 곧 가시덤불임을 알고 계셨습니다.

사탄은 마지막으로 천하만국을 보여주면서 예수님에게 권력을 주겠다고 유혹했습니다.

"내게 절만 한다면 이 막대한 권력을 당신에게 주겠소!"

권력을 좇는 사람들은 권력을 얻는 데 모든 에너지를 쏟기 때문에 사람을 사랑하고 돌보는 데 써야 할 에너지를 갖고 있지 못합니다. 그래서 이들은 생명이 없는 마른 막대기 같은 인생을 살아갑니다. 권력이 이들에게 분명 가시덤불인데도 그것을 깨닫지 못합니다. 예수님은 이런 유혹을 단호히 물리치셨습니다.

"주 너의 하나님을 시험치 말라!"

어떤 가시덤불이 나를 또 나의 생명 에너지를 노리고 있는지를 잘 살펴보아야 합니다. 수없이 많은 가시덤불이 우리 앞에 놓여 있습니다. 가시덤불이란 무엇입니까? 내 신경을 온통 빼앗아 가는 것, 그것이 바로 가시덤불입니다. 그러므로 무언가 신경 쓰이는 일이 있으면 다음과 같이 생각해 보십시오.

'이것이 과연 내가 신경 써야 할 일인가? 정말 내 에너지를 여기에 써도 아깝지 않을 만한 일인가?'

상한 심령을 위로하고 치유하는 참능력

어디론가 바삐 가고 있는 목회자들을 만났습니다.
"어디들 가세요?"
"예, 집회에 참석하러 갑니다."
"어떤 집회인데요?"
"능력을 받게 한다는 집회인데, 가서 능력 받는 것 좀 배워 오려고요."
"어떤 능력인데요?"
"손을 들기만 해도 사람들이 퍽퍽 쓰러지는 능력이래요."
"……."
슬프게도 오늘날 많은 목회자들이 이런 함정에 빠져 있습니다. 그들은 능력의 본래적인 의미와 기능을 도외시한 채 사람들의 주목(인기)을 끌기 위해 능력을 배우러 다닙니다. 그러나 하나님이 주시는 능력이란 절대로 학습해서 얻어지는 것이 아닙니다. 능력을 학습하려는 목회자는 진정한 의미에서의 능력을 발휘할 수 없습니다. 삶의 목적을 하나님 나라의 건설에 두지 않고 이 세상의 권력과 인기와 명예를 얻는 데 두기 때문입니다.

목회자가 본연의 임무를 망각하고 이생의 권력과 명예와 인기에 연연하게 되면 어릿광대와 같은 재주꾼으로 전락해 버리고 맙니다. 이런 목회자에게는 억눌리고 소외된 이들의 상처받은 심령을 위로하고 치유해 줄 수 있는 진정한 능력이 없습니다. 목회자의 진정한 능력은 상한 심령을 위로하고 치유해 주는 데 있습니다.

어떤 목회자는 교회 건물과 교인 수로 자신의 능력을 나타내려고 합니다. 하지만 이런 것이 목회자의 진정한 능력이 될 수는 없습니다. 아니 오히려 이런 욕심에서 벗어날 때, 하나님이 주시는 참능력을 발휘할 수 있게 됩니다. 그러나 슬프게도 우리 시대에는 이런 목회자가 그리 많지 않습니다. 이런 목회자가 있다는 소문이 들리면 갈급한 영혼들이 구름처럼 몰려드는 것도 이 때문입니다.

진정으로 다 버리면 진짜 능력을 발휘할 수 있게 됩니다. 그런데도 이런저런 욕심의 가시덤불에 걸려 빠져나오지 못하고 있는 것입니다. 이제는 깨어나야 합니다. '나는 지금 어떤 가시덤불에 걸려 있는가? 현재 어떤 사람의 눈치를 보고 있는가? 어떤 것에 신경을 쓰느라 내 삶이 자유롭지 못한가?'를 심각하게 자문해 보아야 합니다.

돈이라는 가시덤불

'아파트의 노예'라는 말을 아십니까? 아파트의 노예들은 삶의 목적을 아파트 평수를 늘려 나가는 데 둡니다. 중년, 특히 서울 강남에 사는 중년 가운데 아파트의 노예들이 많습니다. 그들의 마음 한가운데에는 아파트가 들어앉아 있습니다. 아파트가 그들을 병들게 했습니다.

무슨 말인가 하면, 주님을 모셔야 할 마음에 주님 대신 아파트를 구주로 모시고 산다는 뜻입니다. 어떻게 하면 내 아파트를 남들에게 뒤지지 않게 꾸며 놓을까, 어떻게 하면 좀 더 큰 평수의 아파트로 옮겨 갈까가 이들의 주요 관심사입니다. 새벽기도도 아파트를 위해서, 금요기도도 아파트를 위해서, 기도원도 아파트를 위해서 다닙니다. 이런 식이 되면 마음속에 생명의 에너지를 잡아 둘 수 없게 되고, 생명의 에너지가 빠져 나간 마음속에는 결국 허무감이 자리하게 됩니다. 세상을 사는 재미를 전혀 느낄 수 없게 됩니다. 허전함과 영적 배고픔이 그를 엄습합니다. 이것이 아파트의 노예입니다.

수많은 사람들이 돈이라는 가시덤불에 걸려서 어리석은 삶을 살아가고 있습니다. 그들은 돈의 노예입니다. 오늘날과 같은 황금만능의 사회에서 돈이 갖는 마력은 때로 생명 이상의 것일 수 있습니다. 이것을 얻기 위해 수없이 많은 사람들이 불나방처럼 몰려다닙니다. 기꺼이 돈의 노예로 전락하는 사람들도 있습니다. 돈은 이제 욕심의 대상이 아니라 숭배의 대상이 된 것입니다.

그리스도인들도 이런 세상의 가치관으로부터 완전히 자유롭지 못한 것 같습니다. 하지만 그리스도의 흔적을 지닌 사람은 돈으로 살 수 있는 것보다 더 귀한 가치를 내 안의 자산으로 가지고 있어야 합니다. 그렇다고 돈 보기를 돌같이 하라는 말은 아닙니다. 현실 속에서 현실을 딛고 서되, 돈을 슬기롭게 관리할 수 있어야 한다는 말입니다.

정직하게 벌고 올바르게 써야 합니다. 삶의 목적을 돈 버는 데에만 두고 생명의 에너지를 소비해 버린다면 돈의 노예가 됩니다. 주님은 그런 헛된 것에 에너지를 쏟지 말고 빨리 떨쳐 버리라고 말씀하십니다. 썩어질 돈에서 자유하라고 말씀하십니다. 돈으로부터 자유하다는 것, 즉 돈에서 해방되었다는 말은 하나님의 사람으로서 내 삶의 생명 에너지를 다른 데 사용할 수 있게 되었다는 말입니다.

5장
가면을 벗은 어린아이의 심성

마음속에서 어린아이의 순진함이 죽어 버린 사람은 삶 전체가 죽어 가는 사람입니다.
어른의 가면을 벗어 버립시다. 다른 사람의 눈치나 보는 가면을 벗고 어린아이들처럼 티 없이 울고 웃고,
놀 줄 아는 심성을 소유하게 될 때 진정한 자유와 해방의 기분을 만끽할 수 있습니다.

어린아이 같은 마음

예수께서 우리에게 비춰 주신 마지막 거울은 '옥토밭'입니다. 옥토밭 마음을 가진 사람은 어느 곳에 있든지 열매를 맺습니다. 가는 곳마다 역사를 일으킵니다. 그래서 삶의 열매를 맺는 사람을 가리켜 옥토밭 마음을 가졌다고 합니다. 이 옥토밭 마음을 다른 말로 표현하면 '생명의 운전사'가 됩니다. 생명의 운전사는 성공과 행복을 가져다줍니다.

그러면 어떤 사람이 옥토밭 마음을 가진 사람입니까? 예수님은 그 모델로서 어린아이를 말씀하셨습니다. 우리는 어린아이들에게서 옥토밭

마음을 배워야 합니다. 그럼 이제부터 어린아이의 어떤 특성이 천국에 들어가기에 합당한 옥토밭을 이루는지를 살펴보겠습니다.

첫째, 어린아이는 내일 일을 염려하지 않습니다.

어른들은 내일 일을 염려하느라 미리 자신의 생명 에너지를 갉아먹으며 정작 오늘을 충실히 살지 못하지만 아이들은 내일 일을 염려하는 법이 없습니다.

둘째, 어린아이는 사물을 있는 그대로 봅니다.

어른들은 사물을 있는 그대로 보지 않고 선입견이라는 안경을 쓰고 봅니다. 예를 들어, 아무리 유식해 보이는 사람이라도 가방끈이 짧다는 것을 알게 되면 한 수 아래로 보고, 반대로 아주 막돼먹은 인간이라도 일류 대학 출신이라면 너그러워지는 것이 어른들의 세속적인 인간관입니다. 다 그런 건 아닙니다만 교회에 새로 나오는 사람이 땡전 한 푼 없는 사람보다는 이왕이면 가진 사람이기를 선호하며, 어떤 일을 하는 사람인지, 재산은 어느 정도인지에 따라서 대하는 태도가 달라집니다.

어른들은 또 출신지가 어딘지 따져서 사람을 평가하기도 합니다. 사람의 됨됨이나 행동거지, 어떤 생각을 가진 사람인지는 아랑곳없이 무조건 그 지방 출신이면 다 나쁘다는 식입니다. 또 피부 색깔이나 어느 나라 사람인지에 따라 차별하기도 합니다. 이것이 어른들의 생각입니다.

이에 반해 어린아이들은 어른들과는 달리 자기에게 잘해 주는 사람을 좋아하고 자기를 싫어하는 사람을 싫어합니다. 그들은 천만 원짜리 수

표라도 더러운 오물이 묻어 있으면 미련 없이 버릴 정도로 욕심을 낼 줄 모릅니다.

가평에 있는 영성수련원에 갈 때마다 여러 사람과 동행하게 되는데, 동행하는 사람들마다 반응이 제각각이어서 재미있습니다. 주변의 아름다운 경관을 보고 목사들은 열이면 열, "아따, 저기에다 기도원 지었으면 좋겠다."고 말하고, 평신도들은 "교수님, 이 땅 사 두면 틀림없이 오르겠는데요."라고 말합니다.

이런 태도는 사물을 있는 그대로 볼 줄 모르기 때문에 생기는 것입니다. 사물을 있는 그대로 보지 않고 거기에 어떤 가치를 덧칠하는 태도는 옳지 않습니다. 아름다운 경치를 그대로 보지 못하고 기도원이라는 대치물을 상상하거나 그것을 돈으로 환산해 보는 것은 모두 순수하지 못한 시각입니다. 시각이 순수하지 못하면, 즉 어린아이 같지 못하면 산을 산으로, 꽃을 꽃으로 볼 수 없게 됩니다. 아름다운 자연도, 하늘도, 꽃도, 있는 그대로의 모습으로 바라보지 못합니다.

가을이면 우리 집 마당에 낙엽이 수북이 내려 쌓입니다. 떨어진 낙엽을 쓸어 내는 것이 집사람의 일입니다. 둘째 딸이 아직 어렸을 때 낙엽이 떨어지기가 무섭게 쓸어 버리는 제 엄마를 보고, "엄마, 왜 그 좋은 걸 자꾸 쓸어 버리는 거야? 그러지 마."라며 말리는 걸 보았습니다. 집사람한테는 한낱 쓰레기로밖에 보이지 않는 낙엽이 둘째 딸아이에게는 좋고 아름다운 것으로 보였던 것입니다. 이렇듯 어린아이는 자연과 사람을 있는 그대로 볼 줄 아는 눈을 가지고 있습니다.

집사람이 마당에 쌓인 눈을 쓸고 있을 때 어린 딸아이가 또 말립니다.
"엄마, 왜 예쁜 눈을 다 쓸어 버려?"

어떤 목회자 사모님이 뜰에서 잡초를 뽑고 있자니 네 살배기 딸아이가 옆에서 자꾸 "엄마, 불쌍한 걸 왜 뽑아?" 하며 말립니다. 그래도 엄마가 못 들은 척하며 계속 잡초를 뽑아내자 딸아이가 할 수 없다는 듯 한숨을 푹 내쉬면서, "하나님, 용서해 주세요!"라고 기도하더랍니다.

셋째, 어린아이는 티 없이 웃습니다.

어떤 집단이든 그 공동체가 살아 있는 공동체인지 죽은 공동체인지를 알 수 있는 방법이 있는데, 구성원들의 얼굴에 웃음이 있느냐 없느냐가 바로 그것입니다.

교회 공동체의 경우는 더욱 그러한데, 병든 운전사에 의해 끌려 다니는 목회자가 있는 교회에서는 교인들이 아무리 우스운 얘기를 들어도 잘 웃지를 않습니다. 교회 안에서 생기를 찾아보기가 힘이 듭니다. 반면에 살아 있는 교회는 조금만 우스운 소리를 해도 모두들 와~ 하고 웃음을 터뜨립니다. 교회 안에 생기와 활력이 넘칩니다.

웃음은 하나님이 인간을 치료하기 위해서 주신 특별한 보약입니다. 웃음을 잃어버린 사람은 절망으로 죽어 가는 사람입니다. 절망에 빠진 사람에게는 웃을 일도 없고 기쁠 일도 없습니다.

미국 클래어몬트 대학에서 공부할 때 경험한 일입니다. 나는 어찌어

찌해서 노먼 커즌스 교수 밑에서 기독교 인류학을 공부하게 되는 행운을 얻었습니다. 노먼 커즌스 교수는 세계적인 대학자이자 반핵주의자이며 평화주의자로도 명성이 높은 분입니다.

이 노먼 커즌스 교수가 어느 날 의사로부터 불치병에 걸렸다는 선고를 받았습니다. 근육이 파괴되어 가다가 죽음에 이른다는 무서운 병이었습니다. 그는 자신의 생명이 얼마 남지 않았다는 사실을 알고 병원에 입원하는 대신 산속으로 들어갔습니다. 이왕 죽을 수밖에 없다면 병원에 앉아서 죽음을 기다리느니 아름다운 자연환경 속에서 의미 있는 죽음을 맞이하자는 생각이었습니다. 그는 호수가 바라다보이는 경치 좋은 산속에 조그마한 방갈로를 마련하고 이사를 했습니다. 그가 산에 들어가면서 가지고 간 이삿짐은 필요한 식료품 상자들과 배꼽 잡도록 웃기는 비디오테이프 세 박스뿐이었습니다.

노먼 교수는 그곳에서 매일매일 비디오를 보면서 마음껏 웃었습니다. 밥 먹고 비디오를 보면서 웃어 대는 것이 그곳에서 그가 한 일의 전부였습니다. 그렇게 6개월이 흐른 뒤 놀랍게도 그의 몸이 완전히 정상으로 돌아왔습니다. 그는 그곳에서 쓴 일기를 UCLA, 스탠포드, 존스 홉킨스 등의 의과대학에 연구 자료로 제공했습니다.

그의 일기에는 "오늘은 몇 시간 웃었고 몇 시간 걸었다. 몇 시간 웃으니까 몇 시간 동안 활동할 수 있었다."는 등의 기록들이 꼼꼼히 적혀 있었습니다. 죽음을 앞둔 그가 인류를 위해 웃음이 인체에 어떤 영향을 미치는지를 자신의 몸으로 실험했던 것입니다. 그의 일기를 입수한 세 곳의 의과대학은 그의 뜻대로 3년간 웃음이 인체에 미치는 영향을 연구하여 다음과 같은 결과를 발표했습니다.

"웃음은 인간을 치유하는 기적적인 특효약이다."

우리가 환하게 웃는 그 순간에 우리의 영(靈)도 환하게 밝아지고 정신력도 높아집니다. 마치 오랜 가뭄으로 다 시들어 가던 초목이 한바탕 소나기를 맞고 난 뒤 생생하게 살아나듯이 웃음에는 영과 정신을 살리는 힘이 있습니다. 영과 정신이 살아나면 육체도 따라서 살아납니다. 1, 2분간의 파안대소가 두 시간 반 이상 달리기를 한 효과를 낸다고 하니 웃음이야말로 가히 명약이 아닐 수 없습니다.

웃음은 인체 내에서 몸을 병들게 하는 독소를 순간적으로 중화시키는 역할을 합니다. 그래서 분쟁으로 시끄러운 교회라 해도 설교 시간에 크게 한 번 웃고 나면 금방 문제가 해결됩니다. 안에 독기를 품어야 싸움이 되는데, 자꾸 웃으니 독기가 빠져나가서 싸움이 되지 않기 때문입니다.

미국에서 공부할 때 직접 참여했던 연구 하나를 소개합니다. 참가자들을 두 그룹으로 나누어 상황을 설정해 준 뒤 그 결과를 관찰하는 연구였는데, 11년 동안 13회의 실험에서 똑같은 결론이 나왔습니다. 이 연구 결과가 기독교인들에게는 충격적일 수도 있겠습니다.

두 그룹 중 A그룹은 오전 9시부터 오후 3~4시까지 기도와 성경 공부, 찬양을 계속하면서 지내게 했고, B그룹은 아무것도 하지 않고 계속 웃고 떠들게 했습니다. 그런 다음에 두 그룹에 공히 충격적인 뉴스를 전달했습니다. 그러자 A그룹은 멍한 표정을 지은 채 아무 생각도 하지 못하는 반면, B그룹은 즉시 여러 사람의 의견을 모아 신앙적인 대처 방법을 숙의하고, 이에 대한 세부 계획까지 짜는 것이었습니다. 이 결과는 A그룹과 B그룹을 바꿔서 실험했을 때에도 마찬가지였습니다.

웃음이 우리에게 미치는 효과는 이처럼 놀랍습니다. 평소에 잘 웃는다면 몸과 마음 모두 건강해질 수 있습니다. 이렇게 말하면 웃을 일이 없는데 어떻게 웃느냐고 반문할 사람도 있을 것입니다. 하지만 웃을 일이 없다고 전혀 웃지 않고 산다면 결국 세 가지 의미의 죽음을 맞이하게 된다는 점을 명심하십시오. 전혀 웃지 않는 사람은 첫째, 영적으로 죽고, 둘째, 정신적으로 죽고, 셋째, 육체적으로 죽습니다. 그리고 결국 실제적인 죽음으로 이어집니다. 그러므로 건강하게 살기 위해서는 어떻게든 많이 웃어야 합니다. 웃을 일이 없으면 만들어서 웃고, 그것도 안 되면 훈련을 해서라도 웃어야 합니다.

웃음을 만드는 방법에는 여러 가지가 있습니다. 아주 우스운 장면을 상상해 볼 수도 있고, 웃기는 비디오나 텔레비전 프로를 볼 수도 있으며 폭소를 자아내게 하는 책을 읽는 방법도 있습니다. 웃지 않으면 항상 부정적인 생각을 먼저 떠올리기 쉽습니다. 특히 웃을 일이 없을 만큼 심각한 상황에서는 우울하고 부정적인 생각에 쉽게 지배당하게 됩니다. 그리고 이러한 생각이 또다시 스스로를 우울한 상황, 부정적인 상황으로 몰고 갑니다.

나 스스로 나라를 위해 공헌했다고 자부하는 일 한 가지가 있습니다. 1983년 미국에서 귀국했을 당시 우리나라의 분위기는 암울함 그 자체였습니다. 어디서도 웃음소리를 듣기가 어려웠습니다. 매캐한 최루탄 연기가 날마다 온 나라를 뒤덮었습니다.

웃음이 없는 나라, 웃음을 잃어버린 사회가 내가 사랑하는 조국의 모습이었습니다. 이런 상황이 지속된다면 많은 사람들이 죽어 나갈 것이 뻔했습니다. 국민들에게 웃음을 되찾아 주고 싶었습니다. 그래서 나는 방송 작가와 방송인들을 모아 놓고 부지런히 웃음의 중요성을 역설하기 시작했습니다.

"웃음이 이 나라를 살리고, 웃음이 국민성을 부드럽게 해 줍니다. 사람들에게 웃음을 주는 방송을 만드십시오. 웃음을 유발하는 글을 쓰십시오. 이것이 나라와 국민을 살리는 길입니다."

그래서인지 극작가들의 웃기는 글들이 쏟아지기 시작했고, 웃기는 방송 프로그램이 대대적으로 확대되었습니다. 물론 저급한 웃음으로 비난을 받은 작품이나 프로그램도 많이 있었습니다. 여하튼 이런 시도들 때문이었는지 사람들이 억지로라도 웃게 되었습니다. 여기저기서 웃음소리가 들려오기 시작했습니다. 요새는 웃기는 프로그램이 각 방송사의 간판 프로로 자리 잡을 만큼 인기를 끌고 있습니다.

살면서 재미있는 일이 없으시다구요? 즐거운 일이 없다면 이런 방송 프로그램을 즐기는 것도 괜찮습니다. 배꼽 빠지게 웃기는 책을 서너 권 사다 놓고 읽는 것도 좋습니다. 다 읽은 다음에는 화장실에 매달아 놓고 들어갈 때마다 잠깐씩 들춰 보십시오. 유쾌한 기분으로 볼일을 볼 수 있을 것입니다. 이런 식으로 매일 웃다 보면 일 년 후쯤에는 집안 분위기가 확 달라질 것입니다.

그런데 화장실에 성경 말씀을 가득 써 놓은 집이 있습니다. 심지어 화장실에 성경을 놓아두는 집도 있습니다. 만약 화장실에 성경을 놓아둔 집이 있다면 오늘 당장 치우십시오. 성경은 그런 곳에서 보는 책이 아닙니다. 그 대신 유머가 적힌 글들을 매달아 놓고 화장실에 들어갈 때마다 박장대소해 보십시오. 그러면 당신의 삶이 달라질 것입니다.

되도록 많은 유머를 기억해 두는 것은 삶의 중요한 자산이 됩니다. 재미있는 얘기를 들으면 그때마다 잊지 않도록 기록해 두는 습관을 들이십시오. 유머를 많이 구사할 줄 아는 사람은 어떤 그룹에 가서도 적을 만들지 않습니다. 누군가를 웃길 줄 안다면 적 대신에 친구를 만들게 되고 스스로도 웃지 못하는 사람은 친구까지 적으로 만들어 버립니다.

넷째, 어린아이는 티 없이 웁니다.

울 수 있다는 것은 하나님의 은총입니다. 한국 여성들이 세계 어느 나라의 여성들보다 강한 것도 잘 울기 때문이라고 생각합니다. 어디에서나 눈물을 펑펑 쏟아 내곤 합니다. 절대로 눈물을 참지 않습니다. 이런 습성이 한국 여성들을 강하게 만든 동인(動因)이 되었을 것입니다. 쏟아 낸 눈물로 모든 슬픔과 고통을 정화(catharsis)해 버리기 때문입니다.

눈물이 메말랐다는 것은 어딘가 병이 들었다는 것을 의미합니다. 정화되지 않은 슬픔과 분노의 찌꺼들을 가슴속에 쌓아 놓고 산다는 말입니다. 그러니 절대로 눈물을 참아서는 안 됩니다. 슬플 때는 다른 사람 눈치 볼 것 없이 펑펑 울어 버리는 것이 건강에 좋습니다.

3년 사이에 사랑하는 딸과 아내를 차례로 잃어버린 어느 의사의 이야기입니다. 그들 부부에게는 금쪽같은 외동딸이 하나 있었습니다. 그런데 그 딸이 대학교 2학년 때 그만 교통사고로 세상을 떠나고 말았습니다. 딸의 죽음 앞에서도 부인은 이를 악물고 울지 않았습니다. 그녀가 다니는 교회에서 딸이 천당에 갔으니 절대 울지 말라고 권고했기 때문이었습니다. 딸이 천당에 가서 편안한데 울 필요가 뭐 있느냐는 것이었습니다. 그녀 자신도 울어서 천당에 간 딸아이에게 누가 되지 않을까 염려스러웠습니다. 남편이 슬픔을 지나치게 참으면 병이 된다고 타일러 보았지만 부인은 끝내 눈물 한 방울 보이지 않고 딸의 장례를 치렀습니다. 남편의 우려대로 2년 8개월 후 부인은 암으로 세상을 떠났습니다. 지나친 슬픔이 부인을 죽음으로 몰아간 것입니다.

남편은 싸늘한 아내의 관을 붙들고 대성통곡을 했습니다.

"저 사람이 딸아이 죽었을 때 한 번만 시원하게 울었어도 이런 식으로 가지는 않았을 텐데…."

이처럼 우느냐 울지 않느냐가 때로는 사느냐 죽느냐를 판가름하는 기준이 되기도 합니다. 한국 남성들의 평균수명은 여성들보다 8년이나 짧다고 합니다. 한국 남성들이 한국 여성들보다 평균 8년이나 먼저 죽는 이유가 무엇일지 생각해 보았습니다. 내가 보기에는 남녀가 울음을 참는 정도의 차이에 있는 것 같습니다. 그만큼 울음이 인체에 미치는 영향은 심대합니다. 한국 여성들이 한국 남성들보다 오래 사는 이유는 잘 울기 때문이 아닐까요? 여자들은 슬플 때 큰 소리로 울면서 엄청난 생명의 에너지를 축적합니다. 그러므로 아내와 함께 백년해로하고 싶은 남성들은 아내가 울 때 체면 불구하고 따라서 우는 것이 좋습니다. 무슨 대단한 일을 당했을 때만 울라는 것이 아닙니다. 슬픈 영화를 보거나 드라마를 볼 때도 눈물이 나오는 걸 참을 필요가 없다는 것입니다.

얼마 전 TV에서 어렸을 때 헤어진 형제가 상봉하는 장면을 보았습니다. 부모님이 돌아가시고 이곳저곳을 전전하던 끝에 형은 동생을 친척 집에 남겨 두고 도망을 쳤습니다. 형이 열 살, 동생이 여섯 살 때의 일이었습니다. 그 후 형제는 40년이 넘도록 만나 보지 못했습니다.

형을 다시 만난 동생은 형의 손을 부여잡고 어린애처럼 통곡을 했습니다.

"형, 이제는 가지 마. 이제 다시는 가지 마."

혼자 친척 집에 남겨진 여섯 살배기 어린아이가 얼마나 형을 그리워하며 울었을지 상상이 되는 광경이었습니다. 동생을 부둥켜안은 형도 미안하다며 울먹였습니다. 그 모습을 보고 울지 않은 사람은 없었을 것입니다.

그런데 이런 장면을 보고도 울지 않는 족속들이 있습니다. 바로 남자라는 족속입니다. 아내도 울고 아이들도 울고 심지어 강아지도 따라 우는데, 남자(어른)들은 이를 앙다물고 울지 않으려 애를 씁니다. 남자들이 굳이 이렇게 눈물을 보이지 않으려는 이유는 "남자는 울면 안 된다."고 배워 왔기 때문입니다. 그러나 울음을 참는 행위는 '나는 내 명에 못 죽고 빨리 죽을 거야.'라는 결심과 다름없다는 것임을 알아야 합니다.

다섯째, 어린아이는 티 없이 놉니다.

어떤 사람이 건강한 사람인지를 알아보려면 그 사람이 놀이를 즐기는

지 아닌지를 살펴보면 됩니다. 놀이할 줄 모르는 사람은 얌전한 사람입니다. 어딜 가도 꾸어다 놓은 보릿자루처럼 가만히 앉아 있기만 하는 사람이 있는데, 이런 사람은 병든 사람입니다. 오래지 않아서 죽게 될 사람입니다.

놀 줄 아는 사람은 건강하게 살 수 있는 사람입니다. 앞으로 무언가를 해낼 수 있는 사람입니다. 그런데 노는 사람들 중에는 술을 먹고 노는 사람들도 있습니다. 바람직하지는 않지만 어쩌면 이런 사람들이 전혀 놀지 못하는 일부 기독교인들보다 더 활력 있게 산다고 볼 수도 있습니다. 신앙인이라는 핑계로 놀이를 경멸하고 뻣뻣하게 살아가는 사람들이 있는데, 이런 사람은 완전히 죽어 있는 사람입니다.

전혀 놀 줄도 모르고 벽창호인 목사님이 있었습니다. 내 생각대로라면 그분은 진작 목회를 그만두고 병이 들어 있어야 할 텐데, 10년이 넘도록 건강하게 교회를 이끌어 가고 있었습니다. 그 이유를 알 수 없어 궁금하던 차에 그분과 깊은 얘기를 나눌 기회가 있었는데, 그때 그 목사님의 건강 비결을 알게 되었습니다. 겉으로는 뻣뻣해 보이고 다른 사람들과 대면도 잘하지 않는 사람처럼 보였지만 자신의 부인과는 아주 잘 논다는 사실을 발견했던 것입니다.

그들 부부는 주일 저녁예배가 끝나면 아이들을 재워 놓고 방문을 걸어 잠근 뒤 복음성가에 맞춰 춤을 춘다고 했습니다. 두 사람이 복음성가에 맞춰 춤을 추고 있노라면 어찌나 우습고 재미있는지 깔깔대고 웃게 된다는 것이었습니다. 부부 사이에 건강한 웃음과 놀이가 살아 있었던 것입니다.

가족들과 함께 이런 놀이를 할 수 있다면 최고의 효과를 얻을 수 있습니다. 부모와 자식이 함께 어울려서 씨름하고 놀 수 있는 가정이 많아질 때 이 민족의 앞날도 밝아질 것입니다. 아직까지 놀이를 즐길 줄 모르는 사람이 있다면 놀이를 개발해서 신나게 노십시오. 정 놀잇거리가 없다면 복음성가를 틀어 놓고 춤이라도 추십시오.

마음속에서 어린아이의 순진함이 죽어 버린 사람은 삶 전체가 죽어 가는 사람입니다. 어른의 가면을 벗어 버립시다. 다른 사람의 눈치나 보는 가면을 벗고 어린아이들처럼 티 없이 울고 웃고, 놀 줄 아는 심성을 소유하게 될 때 진정한 자유와 해방의 기분을 만끽하게 될 것입니다.

여섯째, 신비한 경험을 자주 합니다.

아이들은 작은 것을 보고도 놀라운 일을 상상합니다. 어린아이는 실제로 작은 언덕이나 길도 어마어마한 규모로 인식합니다. 또 별것 아닌 사물을 보고서도 쉽사리 놀라고 감격하며 그 기원에 대해 궁금해합니다. 꽃을 보면 누가 이 꽃을 만들었을지 신기하게 여기고, 산을 보면 누가 저 산을 만들었을지 궁금해합니다. 호기심 많은 그들의 눈에 세상은 온통 신기하고 기이한 것투성입니다.

그러므로 자신의 어린아이 지수를 알고 싶다면 신비를 경험하는 빈도수를 생각해 보면 됩니다. 신비를 자주 경험하는 사람은 그렇지 않은 사람보다 어린아이와 유사한 심성을 갖고 있다고 할 수 있습니다.

계절이 바뀔 때마다 당신은 어떤 감정을 느끼십니까? 계절에 따라서 달라지는 자연현상을 보고 그저 무심히 지나칠 수 없다면 당신의 감성은 아직도 어린아이처럼 살아 있는 것입니다.

일곱째, 어린아이는 가면을 쓰지 않습니다.

어른들은 다른 사람들에게 보이기 위한 가면을 씁니다. 없어도 있는 척, 몰라도 아는 척하면서 허세를 부릴 때가 많습니다. 우리나라 사람들은 특히 가면을 쓰는 데 선수입니다. 삼 일을 굶고도 갈비 먹은 흉내를 내는 것이 우리네 체면 문화이고, 곧 죽어도 여자 앞에서 큰소리치는 것이 우리나라 성인 남성들입니다.

어느 곳에 마누라한테 얻어맞고 사는 남자가 있었습니다. 그날도 부부 싸움을 하다가 아내한테 흠씬 두드려 맞고 나오다가 바로 집 앞에서 친구를 만났습니다. 그러자 남자가 안쪽을 향해 친구 들으라는 듯 호기 있게, "이런 년은 이렇게 패야 돼!" 하더랍니다.

가면을 쓰는 사람은 가면을 씀으로써 자신이 실제보다 대단하게 보일 거라는 착각을 합니다. 하지만 대부분의 사람들은 가면을 쓰지 않은 사람에게 더 끌리게 됩니다. 가면을 쓰지 않은 사람에게 가면을 즐겨 쓰는 사람한테서는 찾아볼 수 없는 진실의 힘이 있기 때문입니다. 벌거벗은 아이의 진실 말입니다. 이 힘은 때로 칼이나 권력보다 더 큰 위력을 지닙니다.

내가 어렸을 적만 해도 명절이나 농번기 때는 집집마다 막걸리를 담가 마셨습니다. 그런데 자유당 정권 때 밀주 제조를 금하고 술도가에서 술을 사다 마시도록 하는 주세법이 제정된 다음부터는 드러내 놓고 술을 담글 수 없게 되었습니다. 술을 돈 주고 사 마실 만큼 농촌의 현실이 넉넉하지도 못했을뿐더러 먼 육지에 나가 술을 사 오는 일은 생각할 수도 없는 형편이었던지라 밀주 제조가 끊이지 않았습니다.

때때로 정부의 밀주 단속이 실시되었으나 말이 좋아 단속이지, 벌금 대신 뇌물로 단속 공무원들의 주머니를 불려 주는 일에 불과했습니다. 불시에 들이닥친 단속반원들이 영장도 없이 동네 곳곳을 수색하고 다니다 밀주가 발견되면 벌금 대신 돈을 뜯어 가곤 했습니다.

때로는 살림이 거덜 날 만큼 많은 벌금을 물기도 했지만 술을 담가 먹던 오랜 습속은 좀처럼 사라지지 않았습니다. 단속의 눈초리가 사나워질수록 밀주를 담가 먹는 사람들의 묘책도 나날이 늘어 갔습니다. 일단 단속반이 떴다는 소리가 들리면 집집마다 밀주를 깊숙한 곳에 감춰 두고, 감출 곳이 마땅치 않은 집은 아예 길바닥에 술독을 내다 버렸습니다. 동네 사람 모두가 그렇게 했기 때문에 길가에 술독이 즐비했습니다. 이 지경이니 날고 긴다는 단속반원들도 속수무책으로 되돌아갈 수밖에 없었습니다. 화가 난 단속반원들이 길바닥에 늘어서 있는 술독을 막대기로 쳐서 모조리 부숴 버리던 모습이 지금도 생생합니다.

한번은 단속반원들이 불시에 들이닥쳐서 밀주 단속을 시작했습니다. 그것도 모르고 다섯 살짜리 내 동생과 누워서 낮잠을 주무시던 아버지가 이상한 낌새에 눈을 떠 보니 대문가에 수상쩍은 구둣발들이 보였습니다. 밀주 단속반원들임을 직감한 아버지가 허둥지둥 방 안으로 숨어 들면서 멀뚱하게 서 있는 동생과 입을 맞췄습니다.

"아버지 어디 있냐고 하면 없다고 그래라."

아버지는 설마 어른도 없는 집을 뒤지랴 하는 실낱같은 기대를 가지고 방 안에 숨었습니다. 그날따라 집 안에는 농번기에 쓰려고 담아 놓은 밀주가 여러 항아리 있어서 걸리기만 하면 그야말로 살림이 거덜 날 판이었습니다.

단속반원들이 집으로 들이닥쳤을 때는 다섯 살배기 내 동생이 마루에 서서 손가락을 빨고 있었습니다.

"애, 네 아버지 어디 가셨냐?"

단속반원들이 묻자 동생이 손가락으로 아버지가 사라진 문을 가리키면서 대꾸했습니다.

"저기로 들어가면서 없다고 하라고 했어요."

너무나 천진한 어린아이의 대꾸에 숨어 있던 아버지의 얼굴이 흙빛으로 변했습니다. '이제 우리 집은 망했구나!' 하는 생각이 머리를 쳤습니다. 그런데 그 순간 이상한 일이 일어났습니다. 성큼 방문을 밀고 들어와서 아버지를 끌어내고 술독을 찾아낼 거라는 예상과 달리 동생의 대꾸를 듣고 한참을 웃던 단속반원들이 그냥 집 밖으로 나가 버렸던 것입니다. 나중에 들으니 단속반원들이 만나는 사람마다 붙잡고 이렇게 말했다고 합니다.

"그 집이 농사를 많이 짓기 때문에 뒤지면 술이 많이 나올 줄 알고 있었지만 그 아이 때문에 차마 들어갈 수가 없었소."

어린아이의 천진난만한 말 한마디에 단속반원들이 적지 않은 돈의 유혹을 물리치고 돌아갔던 것입니다. 진실의 힘은 이렇게 위대합니다.

옥토의 심성을 가진 사람

우리는 어린아이같이 천진한 사람을 만날 때, '오호, 세상에 이런 사람도 있구나!' 하고 신선한 충격을 받게 됩니다. 그리고 거기서 시원한 무엇인가를 느끼게 됩니다. 이것이 바로 치유입니다. 가면을 쓰지 않은 사람, 있는 그대로의 자신을 보여주는 사람이 감동을 주는 것은 이 때문입니다.

서울 모 교회의 목사님이 이혼을 했습니다. 목사가 이혼을 하다니, 보통 사람들이 생각하기에는 분명 큰 문제입니다. 그런데 이 목사님은 수백 명의 교인들 앞에서 자신의 이혼과 그에 따른 고통을 솔직히 고백했습니다. 그러자 냉담한 반응을 보일 줄로 알았던 교인들이 오히려 목사의 진솔함에 감동하여 마음속으로 따뜻한 위로와 성원을 보내 주었다고 합니다.

다른 사람의 평가에 지나치게 연연해하지 않으며, 어린아이처럼 정직하게 자신의 모습을 있는 그대로 보여주는 사람에게는 사람들을 사로잡는 힘이 있습니다. 어린아이처럼 순수하게 자기를 드러내 보이는 목회자에게는 힘이 있는 반면 지나치게 자신을 포장하거나 감추려 드는 목회자에게서는 은혜를 느낄 수 없습니다.

이상으로 어린아이의 일곱 가지 특성을 살펴보았습니다.

가는 곳마다 생명의 열매를 맺는 옥토밭 심성을 가진 사람들의 특성을 다시 한번 정리해 보겠습니다.

첫째, 악의 없는 유머를 즐깁니다. 유머에는 두 가지가 있습니다. 악의에 찬 유머와 악의 없는 유머입니다. 악의에 찬 유머는 누군가를 도마 위에 올려놓고 말로 그 사람을 망가뜨리면서 남을 웃기는 유머입니다. 악의 없는 유머는 사람들에게서 건강한 웃음을 이끌어 내는 유머입니다. 세계 역사를 움직여 온 사람들은 대부분 악의 없는 유머에 능한 사람들이었습니다. 그러므로 역사에 길이 남을 만한 인물이 되고자 한다면 먼저 유머를 개발하시기 바랍니다.

둘째, 개인적이고 사적인 생활을 즐길 줄 압니다. 어떤 교회의 사모가 '나는 사모니까 뼈가 부러지는 한이 있더라도 교회를 위해서 내 삶을 전

부 바쳐야 해.'라고 생각한다면 그것은 건강하지 못한 생각입니다. 대신 '나는 사모이기 이전에 한 개인이다. 나와 우리 가족을 위한 삶도 소중해.'라고 생각하면서 사적인 삶을 즐길 줄도 알아야 합니다. 사적이고 개인적인 삶에 시간을 할애하고 누릴 줄 아는 사람만이 생명의 열매를 맺으면서 살아갈 수 있습니다.

셋째, 완전히 터놓고 마음을 주고받을 수 있는 두세 사람 정도의 친구가 있습니다. 당신도 주위에 그런 친구들이 있습니까? 있다면 당신은 생명의 열매를 맺을 수 있는 사람이며, 없다면 지금부터라도 그런 친구를 만들기 위해 노력하시기 바랍니다.

넷째, 사람을 보면서 인간의 현실을 볼 줄 압니다. 어떤 이들은 절대로 인간을 인간 이상이나 이하로 보지 않습니다. 그러나 어떤 사람들은 선입관을 가지고 사람을 판단하려 듭니다. 예컨대, '저 사람은 목사야, 그러니까 저 사람은 이러이러해서는 안 되고 저러저러해야만 해.'라고 규정한 다음, 거기에 맞지 않는 목사는 배척해 버리는 것입니다. 이런 식으로 사람을 보는 사람은 작은 일에도 큰 상처를 받기 쉽습니다. 인간을 인간 그 자체로 보지 못하기 때문입니다.

이것은 병적인 생각입니다. 예수를 믿지 않는 사람들은 예수 믿는 사람들이 뭘 조금만 잘못해도, "믿는 사람들이 왜 저래?" 하면서 싸잡아 비난할 때가 많습니다. 그들에게 예수 믿는 사람은 완벽해야 한다는 왜곡된 관념이 박혀 있기 때문입니다. 완벽한 인간은 이 세상에 한 사람도 없습니다. 다시 말해서 인간은 누구나 실수할 수 있는 존재입니다. 타인의 실수를 용납해줄 줄 아는 사람만이 어느 곳에서나 생명의 열매를 맺을 수 있습니다. 간혹 가다 우리는 인간을 인간의 위치에 놓지 않고 신(神)의 위치에 두려는 억지로 인해 상처를 받을 때가 있습니다. 특히 존경하는 사람에게 신의 완벽성을 구하다가 실망하고 분노하는 경우를 봅니다. 이것은 모두 병적인 생각입니다.

다섯째, 유행에 휘말리지 않습니다. 병적인 생각에 사로잡힌 사람들은 유행을 따르기 위해서 별별 짓을 다합니다. 대중 스타들의 행동을 무조건 따라 하거나 그들에게 비정상적으로 열광하는 것은 물론, 콧방울이나 혓바닥 등 소중한 몸을 뚫어서 장식물을 다는 행위도 서슴지 않습니다. 누가 뭘 한다면 반드시 나도 해야만 직성이 풀립니다. 이런 사람들은 자기 주관이 없습니다.

여섯째, 생명의 열매를 맺는 사람은 민주적인 사고(思考)를 할 줄 알고 도덕성, 윤리감과 사회 공동체 의식이 강합니다. 나 혼자만이 아니라 함께 너불어 살아가는 삶을 인정하고 살아갑니다.

이상의 특성을 가진 사람들은 공통적으로 창의적인 성격을 소유하고 있습니다.

2부

인간관계에서 받는 상처의 치유

6장

나의 인간관계 성찰

당신은 어떻습니까? 수수 지향적인 사람입니까? 저장 지향적인 사람입니까?
아니면 시장 지향적인 사람입니까? 혹 착취 지향적인 사람은 아닙니까? 곰곰이 생각해 보시기 바랍니다.
많은 사람들이 이것을 모르기 때문에 대인 관계, 즉 이웃과의 관계에서 실패하고 있습니다.

병립 관계

하나님과의 만남, 나 자신과의 만남, 이웃과의 만남이 이루어진 사람은 전인적으로 건강한 사람입니다. 그러면 우리의 이웃은 누구입니까? 또 어떻게 해야 이웃을 사랑하는 것일까요? 마가복음 12장 31절을 보면 예수님께서, "둘째는 이것이니 네 이웃을 네 몸과 같이 사랑하라 하신 것이라 이에서 더 큰 계명이 없느니라."고 하셨습니다.

〈그림 1〉을 보면 A는 똑바로 서 있고, B는 A에게 기대어 있습니다.

이 그림은 B가 A를 지나치게 의존하는 관계를 나타냅니다. A가 B를 일방적으로 받치고 있는 형태이므로, 만일 A가 떠나 버리면 B는 힘없이 무너져 버리고 말 것입니다. 이때 B는 A를 향해 항상

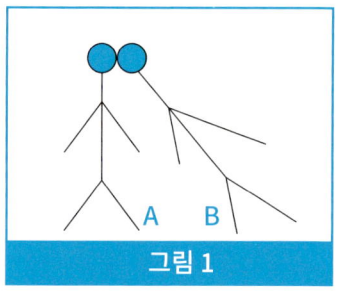

그림 1

'당신이 없으면 못 산다.'는 사인을 보냅니다. A도 처음에는 B의 이런 사인을 사랑이라 생각하고 기뻐하지만 시간이 흐르면서 이런 B에게 환멸을 느끼게 됩니다.

이 경우, B의 '당신 없인 못 산다.'라는 사인은 곧 '나는 당신의 노예가 될 거다.'라는 의미입니다. 그러나 주인은 노예를 이용할 뿐이지 사랑하지는 않습니다.

〈그림 2〉는 A와 B가 서로 의존하는 관계를 나타냅니다. 둘 다 끊임없이 서로를 향해 '당신 없인 못 산다.'는 사인을 보내고 있지만 어느 한쪽이 조금이라도 자세를 바꾸면 금방 쓰러지는 관

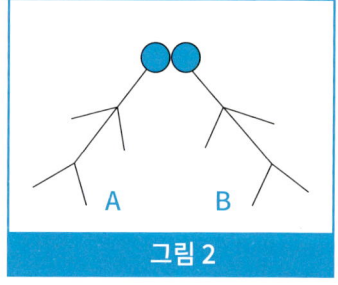

그림 2

계입니다. 그렇기 때문에 이 관계는 항상 초긴장 상태를 유지합니다. 서로가 상대에게 지나치게 집착하므로 유사시 서로를 더욱 심하게 증오할 수 있습니다. 이런 관계에서는 싸움이 끊이지 않습니다. 이런 관계 역시 병적인 상태를 나타냅니다.

〈그림3〉은 가장 건강한 관계를 나타냅니다. 두 사람이 손을 꼭 잡고 함께 걸어가는 관계입니다. 이들은 서로에게 이렇게 말합니다.

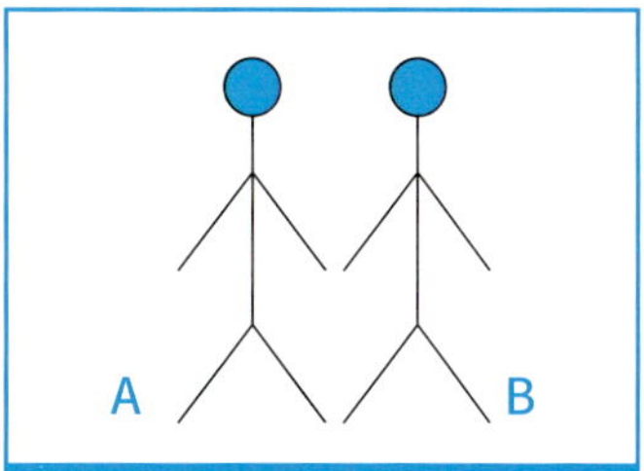

"나는 당신을 좋아하고 사랑해요. 하지만 당신이 없어도 나는 혼자 살아갈 수 있어요."

그림 3

이런 관계는 서로를 존경하고 신뢰하기 때문에 둘 다 상대의 손을 절대 놓지 않습니다. 이런 관계에서 사랑과 존경이 동시에 유지될 수 있습니다.

이상에서 살펴본 것처럼 비록 부부 관계라 할지라도 한쪽에 일방적으로 의존하는 관계는 상대에게 환멸을 느끼게 합니다. 부부 관계뿐 아니라 모든 인간관계에서도 마찬가지입니다. 지나친 의존감은 관계를 병들게 합니다. 그러므로 생활 속에서 관계를 맺을 때 항상 당당한 태도를 유지해야 합니다. 다음은 미국인들이 즐겨 애송하는 시입니다.

Don't walk in front of me, I can not follow you.
Don't walk behind me, I can not lead you.
Let's walk side by side, I want to be your friend.
내 앞으로 가지 마세요. 나는 당신을 따라갈 수 없어요.
내 뒤로도 오지 마세요. 나는 당신을 이끌어 갈 수 없어요.
우리 함께 나란히 손잡고 가요. 나는 당신의 친구가 되고 싶어요.

이 시가 노래하듯 함께 걸어가는 것이 가장 건강한 관계입니다. 그러나 병든 사람은 친구를 사귈 때도 거머리처럼 달라붙어서 진저리를 치게 만들기 때문에 상대로부터 무시당하기 쉽습니다. 그러므로 무슨 일에나 또는 어떤 관계에서든 당당한 태도를 취하는 것이 건강한 관계를 유지하는 비결입니다.

마틴 부버의 관계 유형

대인 관계의 스타일은 마틴 부버(Martin Buber)가 말한 'I and it'와 'I and thou'의 관계에서 찾아볼 수 있습니다. 인간관계를 잘 살펴보면, 어떤 사람은 모든 인간관계를 'I and it (나와 그것)'의 관계로 생각하고, 어떤 사람은 'I and thou(나와 당신)'의 관계로 생각합니다.

'It'는 'thing', 곧 물건입니다. 그러므로 'I and it'의 인간관계에서는 이용 가치가 있을 때에만 사귐이 있습니다. 따라서 이용 가치가 없어지면 가차 없이 관계를 끊어 버립니다. 이런 사람들은 돈이 필요할 때에는 돈을 빌려줄 수 있는 사람과 사귀고, 권력이 필요할 때에는 권세를 가진 자에게 접근합니다. 결혼이나 친구, 교회에서의 관계도 이 틀에서 크게 벗어나지 않습니다. 이런 관계에서는 절대로 생명의 역사가 일어나지 않습니다.

그러나 'I and thou'의 관계는 인간 그 자체를 사랑합니다. 상대가 아무것도 가진 것이 없어도 그의 영혼을 깊이 사랑하며 이용하려 들지 않습니다. 이런 관계에서만 영원히 지속되는 축복의 관계가 형성될 수 있습니다.

예를 들어서 목사가 돈 있는 교인들만 좋아한다면 그것은 'I and it'의 관계이며, 반면에 어렵게 살아가는 교인들을 위하여 눈물로 기도한다면 'I and thou'의 관계를 맺고 있는 것입니다. 당신은 어떤 태도로 사람들과 관계를 맺어 왔습니까? 부부 관계에서, 친구 관계에서, 혹은 이웃 관계에서 어떤 관계를 맺고 있습니까? 'I and it' 관계였습니까, 아니면 'I and thou' 관계였습니까? 몇 번이나 'I and thou'의 관계를 맺어 오셨습니까? 한번 돌아보시기 바랍니다.

한국 여성들은 전통적으로 남편에게 '나는 당신 없인 못 산다.'는 사인을 보내면서 살아왔습니다. 따라서 남편들도 자연스럽게 아내를 자신과 대등한 존재로 여기지 않았습니다. 즉, 아내 스스로 남편에게 'I and it' 관계를 유도해 왔다는 것입니다. 어쩌면 여성들은 스스로 남편의 그늘에 파묻혀 살기를 원하고 주체적인 삶을 회피함으로써 애 낳고 빨래하고 살림하는 '물건'으로 전락해 버린 것은 아닐까요? 이런 전통 속에서 참된 사랑의 모습을 찾아보기는 어렵습니다. 사실 우리 주변에는 소수의 부부들만이 남자와 여자 또는 아내와 남편, 그리고 인간과 인간으로서 서로 존경하고 사랑하는 관계를 맺으며 살아가고 있습니다.

지금까지는 어떠했을지라도 이제부터는 남편과 아내가 대등한 관계, 즉 'I and thou'의 관계가 회복되는 운동이 일어났으면 합니다. 이것이 우리의 가정을 살리고 교회를 살리고 나라를 살리는 길입니다.

에리히 프롬의 관계 유형

에리히 프롬(Erich Fromm)은 대인 관계를 몇 가지로 나누어서 고찰했습니다.

첫째, 수수 지향적인 관계

이런 관계를 맺는 사람은 일방적으로 받기만 하는 습관이 있습니다. 이런 사람은 보통 다른 사람들에게 뻔뻔하다는 비난을 듣습니다.

둘째, 저장 지향적인 관계

이 관계의 사람은 쓰지도 않고 먹지도 않고 계속 모아 두기만 합니다. 다시 말해서 구두쇠입니다. 이런 사람들은 모으는 재미만 알고 쓰는 재미는 모르는 특징이 있습니다.

수백억을 가진 부자가 살고 있었습니다. 이 부자는 아무리 바쁜 일이 있어도 택시를 타는 일이 없었습니다. 그런데 그와는 달리 그의 자식들은 돈을 물 쓰듯 했습니다. 여자에게 갖다 바치고, 사업한다고 없애고, 사기를 당해 없앤 돈이 헤아릴 수 없었습니다. 그러자 한 지인이 그에게 자식들만 좋은 일 시키지 말고 좀 쓰고 살라며 충고해 주었습니다. 그러자 그 부자가, "즈그들(자식들)이 아무리 돈을 쓴다고 해도 돈 모으는 내 재미만 못할 것이네…." 라고 하더랍니다. 이 부자의 말처럼 돈을 모으는 사람에게는 그들만의 각별한 재미가 있습니다. 하지만 뭐든 모을

줄만 알고 쓸 줄을 모른다면 인생의 균형 감각을 잃은 사람입니다. 삶의 목적이 병들어 있는 것입니다.

어렵게 살림을 일군 한 여인이 있었습니다. 아들 셋을 키우면서 돈이 되는 일이라면 아무리 험한 일이라도 즐겁게 감당했습니다. 그녀는 자식을 기르고 가르치는 일 외에 돈을 써 본 적이 없었습니다.

세월이 흘러, 아이들은 장성했고 여인도 할머니가 되었습니다. 열심히 벌고 또 알뜰히 살았기 때문에 상당한 재산을 모았습니다. 그래도 여인은 젊었을 때처럼 자신을 위해서는 돈을 거의 쓰지 않았습니다. 늙어서 더 이상 돈벌이를 할 수도 없었습니다. 그런데 이때부터 여인은 더욱 바빠졌습니다. 어떤 곳에 과거의 자신처럼 불우한 사람이 있다는 소리가 들리면 원근을 마다않고 달려가 도와주느라 바빴던 것입니다.

여인은 텔레비전을 보아도, 라디오를 들어도 무심코 들어 넘기는 법이 없었습니다. 혹시 도움을 구하는 방송이 나오면 꼭 적어 놨다가 도와주곤 했습니다. 내가 찾아갈 때에도 버스 토큰 두 개를 손에 꼭 쥐어 주곤 합니다. 여인은 어느새 이 땅에서 묵묵히 하나님의 뜻을 펼쳐 가는 '큰 바위 얼굴'이 되어 있습니다. 그분의 도움으로 무사히 학업을 마치고 사회에 진출한 사람이 수없이 많으며 그 역사는 지금도 계속되고 있습니다. 그분은 나에게도 큰 스승입니다.

지금까지도 그분은 이웃 사랑을 실천하면서 살고 있습니다. 자기 이름도 쓸 줄 모르던 평범한 할머니가 어떻게 이토록 값진 인생을 살게 된 것일까요? 아마 그분에게는 고난 가운데서도 균형 잡힌 인간관계를 잃지 않도록 만든 위대한 정신적 유산이 있었으리라 생각됩니다.

셋째, 착취 지향적인 관계

저장 지향적인 사람이 있는가 하면 착취 지향적인 사람도 있습니다. 이런 성향을 가진 사람은 다른 사람의 것을 빼앗는 일에 한 치의 갈등도 느끼지 않습니다. 이런 사람이 권력을 잡게 되면 나랏돈을 자기 돈처럼 착복하고, 기업을 하게 되면 종업원의 월급을 떼먹고 하청업자들의 돈을 지불하지 않습니다. 이런 사람들의 관심은 오로지 다른 사람을 어떻게 착취할 수 있는가에만 모아져 있습니다.

넷째, 시장 지향적인 관계

이런 사람은 모든 것을 돈으로 환산하려고 합니다. 사람을 볼 때도 돈의 소유 정도에 따라서 그 사람의 가치를 평가합니다. 요즘에는 이런 사람들이 흔한 시대입니다.

미국에서 돌아와 처음으로 고향에 인사를 드리러 갔을 때의 일입니다. 만나는 동네 어른들마다 한결같이 교수 봉급이 얼마나 되느냐고 물었습니다. 내가 얼마라고 대답하면, "어허, 동대문에서 장사하는 ○○만도 못하구만…." 하면서 혀를 끌끌 차곤 했습니다.

동대문에서 장사하는 ○○란 내 초등학교 동창으로, 가정 형편상 초등학교만 졸업하고 서울에 올라와 포목점 종업원으로 일하다가 직접 포목상을 운영하면서 돈 좀 벌었다고 소문난 친구입니다. 동네 어른들 생각에 먼 나라로 유학까지 다녀와서 교수가 되었다는 내 월급이 초등학교밖에 졸업하지 못한 사람보다 못하다는 사실이 한심해 보였던 모양입니다. 시장 지향적인 시각으로 사람을 보기 때문입니다.

우리는 지금 이런 사람들이 대다수를 이루고 있는 사회에서 살고 있습니다. 사실 우리 사회에서는 돈 없이 되는 일이 별로 없습니다. 공부하고 결혼하고 자동차 사고 집을 사는 모든 일이 돈으로 이루어집니다. 심지어 교수직도 돈으로 사고파는 시대가 되었습니다. 정치도 돈이 없으면 불가능합니다. 바야흐로 시장 지향적 관계의 시대에 살고 있는 것입니다. 하지만 돈이 모든 가치 척도의 기준이 될 수는 없습니다.

당신은 어떻습니까? 수수 지향적인 사람입니까? 저장 지향적인 사람입니까? 아니면 시장 지향적인 사람입니까? 혹 착취 지향적인 사람은 아닙니까? 곰곰이 생각해 보시기 바랍니다. 많은 사람들이 이것을 모르기 때문에 대인 관계, 즉 이웃과의 관계에서 실패하고 있습니다.

에릭 번의 관계 유형

에릭 번(Eric Berne)은 인간관계를 'PAC이론'으로 설명하고 있습니다. PAC이론에 따르면, 모든 사람에게는 어버이 성격(Parental character)과 어른(성인) 성격(Adult character), 어린이 성격(Childish character)이 내재해 있는데, 이것이 제각각 균형 잡혀 있을 때에는 대인 관계가 원만하고, 그렇지 못할 때에는 대인 관계도 원만치 못하다고 합니다.

PAC가 균형이 잡힌 사람은 상황에 따라서 각각의 특성을 잘 드러냄니다. 예를 들어, 목사라면 설교할 때에는 어버이 같은 특성이, 교인들과 사적으로 대화를 나눌 때는 성인의 특성이, 또 어린이와 함께 어울릴 때는 어린이와 같은 특성이 잘 드러날 때 원만한 대인 관계를 이룰 수 있습니다.

학교 선생의 경우도 마찬가지입니다. 학생들을 가르칠 때는 어버이의 특성이, 학생들과 어울릴 때는 어린이의 특성이 나타나야 좋은 선생의 역할을 감당할 수 있습니다. 그렇지 않고 어느 한쪽 요소만 지나치게 강화된 사람은 병적인 인간관계를 형성하기 쉽습니다.

성인의 성격이 강화된 사람은 어느 곳에 가든지 어른 노릇만 하려 듭니다. 이런 사람은 모든 대인 관계에서 상대방에게 지시하기를 좋아하고 다른 사람의 의견을 무시하며, 심판자처럼 행동하는 경향이 있습니다. 다른 사람을 칭찬할 경우에도 마치 아이 다루듯 하고, 여러 사람들이 열띤 토론을 거쳐 승인한 안건까지도 묵살해 가며 자신의 의견을 고집합니다. 이런 사람을 좋아할 사람은 없습니다. 이런 사람이 정상적이고 바람직한 인간관계를 맺는 경우는 극히 드뭅니다.

반면에, 어린이 성격이 지배적인 사람은 어느 곳에서도 주도적이지 못합니다. 이런 사람은 무슨 일을 하든지 수동적이고 피동적입니다. 자신의 의견이 없습니다. 있다고 하더라도 적절히 표현하지 못합니다. 무슨 일이든 다른 사람을 따라서 행동하며 의존적입니다. 그렇기 때문에 다른 사람들에게 무시를 당하는 경향이 있습니다. 이런 사람 또한 건강한 인간관계를 형성하기가 어렵습니다.

다시 말해서, 때와 장소를 적절히 구별해 가며 아이와 어른의 특성을 조절할 줄 아는 사람만이 원만하고 건강한 대인 관계를 형성할 수 있다는 것입니다. 당신의 경우는 어떻습니까? 대인 관계에서 세 가지 특성을 유연하게 발휘하고 계십니까? 아니면 어느 한쪽으로만 편향되어 있습니까?

7장

성숙한 인간관계의 과정

사람과 사람의 관계, 특히 서로 판이하게 다른 성장 배경을 가진 남성과 여성이 만나 이른 가정에 어찌 고난의 시기가 찾아오지 않겠습니까? 고난의 시기가 반드시 찾아온다는 것, 그리고 그 시기를 통과해야 비로소 참다운 사랑을 이룰 수 있다는 것을 알고 대처할 때 성숙한 인간관계를 경험할 수 있게 됩니다.

호기심

모든 인간은 태어나면서부터 어떤 식으로든 자기 이외의 다른 사람과 만남의 관계를 맺으면서 살아갑니다. 어려서는 부모와, 그리고 자라면서는 친구와, 성인이 되어서는 배우자 등 많은 이웃들을 만나게 됩니다. 이 과정에서 누구와 만나든, 만나는 순간부터 형성된 인간관계는 자동차 바퀴처럼 계속해서 굴러갑니다.

이 심리적인 사이클은 계속 구르는 과정을 거치면서 발전하는데, 이 것을 '만남의 주기' 또는 '만남의 사이클'이라고 합니다. 이 사이클을 알지 못하면 대인 관계에서 결정적인 실수를 하게 됩니다. 세 쌍 중 한 쌍이 이혼을 하는 기가 막힌 오늘날의 현실 상황도 이런 문제에서 기인되었다고 볼 수 있습니다.

인간관계가 형성되는 모든 만남에는 일정한 단계가 있습니다. 이해하기 쉽도록 남녀 관계를 예로 들겠습니다. 두 사람은 만나는 첫 순간에 상대방에 대해 호기심을 느낍니다. '저 남자/여자는 누구일까? 어디에서 살까? 직업은 무엇일까? 결혼은? 성격은?' 등등 끝없는 호기심이 솟아납니다.

이것이 호기심 단계입니다. 사람은 일단 호기심을 갖게 되면 상대방에 대해 무엇이든 알고 싶어 하며, 상대방도 자신에게 관심이 있는지를 알고 싶어 합니다. 즉, 호기심이 모든 관계의 출발점이 되는 것입니다. 어떤 관계도 호기심 없이는 성립되지 않습니다. 호기심 단계가 어느 정도 지나면, 자신에 대한 상대방의 생각을 시험해 보고자 하는 욕구를 느끼게 됩니다.

시험기

이제 호기심 단계에서 시험 단계로 접어듭니다. 이 단계에서는 자기도 모르게 상대방에게 자신의 감정을 드러냅니다. 다시 말하면 은연중에 상대방에게 '나는 당신에게 관심이 있다.'는 사인을 보내게 되는 것입니다. 그러나 자존심 때문에 겉으로는 속마음을 숨기려고 합니다. 오히려 짐짓 무관심을 가장합니다. 하지만 이 단계에 있는 사람의 눈빛이나 얼굴 표정에서 상대에 대한 관심을 읽어 내는 일은 어렵지 않습니다.

이때 모든 행동을 상대와 연결시켜 보려는 시도가 진행됩니다. 상대를 의식하여 행동하거나 우연을 가장하여 상대와 어울릴 수 있는 구실을 만들어 냅니다. 예를 들어, 평소 커피를 잘 마시지 않는 취향인데도 자판기에서 커피를 빼다가 대접하기도 하고, 괜한 핑계를 대가며 부탁거리를 만들기도 합니다. 남학생 같으면 관심 있는 여학생에게 다가가 지난번 강의에 빠져서 그러는데 노트를 빌려 달라는 식의, 어떻게든 둘만의 특별한 관계를 만들려고 애를 씁니다.

이때 대상이 된 이성은 이런 태도에서 자신에 대한 상대방의 관심을 읽을 수 있습니다. 아무런 행동을 보이지 않는다 해도, 유난히 얼굴을 붉힌다거나 몹시 어색한 행동거지로 자신의 마음을 은연중에 드러내게 됩니다. 이런 식으로 서로의 관심을 확인한 두 사람은 둘만이 아는 은밀한 교감을 나누어 갑니다. 즉, 시험에 통과한 것입니다.

애정기

이 시기가 지나면, 애정기가 찾아옵니다. 이때는 서로를 향한 애정을 구체적으로 표현합니다. 같이 시간을 보내고, 음식을 먹고, 공통의 관심사를 찾아내 서로 맞춰 나가는 작업을 합니다. 애정기에 진입한 두 사람의 사랑에 불이 붙습니다. 미국 사람들은 이런 시기를 가리켜 '허니타임

(honey time)'이라고 합니다. 즉, 꿀맛처럼 달콤한 시기라는 것입니다. 하지만 이 말은 난센스입니다. 그들이 사랑을 이렇게 달콤한 것으로만 여기기 때문에, 이 시기가 지나면 소중한 인간관계, 특히나 부부 관계를 쉽게 해치고 마는 것입니다. 진정한 사랑의 관계는 이 시기 이후에 비로소 찾아옵니다.

이 시기를 가장 적절히 표현하는 말로는 아마 "깨가 쏟아진다."는 말일 것입니다. 깨는 꿀처럼 달콤하지는 않지만 쉽게 물리지 않는 고소한 맛을 지니고 있습니다. 이 고소한 깨가 그대로 있는 것이 아니라 '쏟아지고' 있다는 것입니다. 이 말에는 사랑의 과정이 담겨 있습니다. 이 말의 의미는 무엇일까요?

시골에서 살아 본 사람이라면 이 말이 왜 이 시기를 비유하는 데 쓰이고 있는지 이해가 갈 것입니다. 깨를 수확하려면 깨의 알갱이가 아직 푸르고 딱딱한 껍질에 단단히 싸여 있을 때 베어 내어 단으로 묶어 두어야 합니다. 그래야만 허실 없이 깨를 수확할 수 있습니다. 베어 낸 깻단을 햇볕에 며칠간 잘 말리면 껍질이 벌어지면서 그 속에 가지런히 들어 있던 하얀 알갱이들이 수줍게 얼굴을 드러냅니다. 이때가 바로 타작할 타이밍입니다. 타작마당에 멍석을 깔고 잘 마른 깻단을 올려놓은 뒤, 거꾸로 잡고 막대기로 살살 때리면 깨가 한꺼번에 우수수 떨어집니다. 그렇게 꽁꽁 숨어 있던 깨알들이 거짓말처럼 한꺼번에 다 쏟아져 버리고 껍데기만 남게 됩니다.

인간의 사랑도 이와 같습니다. 처음 만나 사랑에 빠질 때는 누구나 검은 머리 파뿌리가 될 때까지 잘 살 것 같다가도 막상 살아 보면 깨가 다 쏟아져 버린 것 같은 상태를 맞이합니다. 이때는 깨가 일생을 두고 계속해서 쏟아질 줄로 생각합니다. 하지만 애석하게도 깨가 쏟아지는 시기는 아주 짧은 순간에 불과합니다. 그래서 아무리 사이좋은 부부라 할지라도 일생 좋기만 하지는 않습니다. 비단 남녀 관계나 부부 관계에만 이런 원칙이 적용되는 것은 아닙니다. 모든 인간관계가 다 그렇습니다.

'어느새 깨가 다 쏟아져 버린 것일까?'

어느 날 문득 그토록 좋았던 관계가 무너지고 껍데기만 남았다는 사실을 깨달은 사람들은 허탈감에 미칠 것 같은 감정을 느끼게 됩니다. 이럴 때 소위 위기의 시간이라는 권태기가 찾아옵니다.

권태기

일단 권태기에 진입하면 지금까지 좋게만 보였던 상대방의 모든 것들이 새로운 각도로 보이기 시작합니다. 좋은 의미에서 새로워 보이는 것이 아니라 나쁜 것을 새롭게 발견한다는 뜻입니다. 전에는 잘생긴 것 같았던 얼굴이 아무 개성도 없는 얼굴로 보이고, 전에는 무던해 보이던 성격이 우유부단하게만 보입니다.

상대방의 모든 것이 참을 수 없을 만큼 역겨워 보이기도 하고, 때로 속았다는 느낌에 가슴을 치기도 합니다. 마음속으로, '아휴, 저런 인간하고 어떻게 평생을 같이 살까? 정말 기가 막혀.'라는 생각이 저절로 듭니다. 사람들은 이때 또 한 번의 착각을 하게 됩니다. 처음 사랑을 시작할 때 그랬던 것처럼 또 한 번의 착각에 빠져드는 것입니다.

처음의 착각이 상대방을 실체 이상의 환상으로 포장한 것이었다면, 이 두 번째의 착각은 상대방을 실체 이하의 환멸감으로 비하시킵니다. 어느 쪽이든 착각은 실체와는 거리가 있습니다.

권태기에 빠진 사람은 자신이 느끼고 있는 상대의 모습을 실제 모습으로 여기게 되는데, 이것은 착각입니다. 처음 사랑을 느꼈을 때 느꼈던 상대의 모습이 실체와 거리가 있었던 것처럼 이때 느끼는 상대의 모습도 실체와는 현격한 차이가 있습니다.

권태기에 빠진 사람은 이런 현상이 하나의 과정이라는 사실을 인식하지 못하기 때문에 심각한 위기를 맞을 수 있습니다. 호기심 단계, 시험기, 애정기처럼 권태기도 만남의 한 과정이자 단계라는 사실을 인식하지 못하기 때문에 이 시기를 견디지 못하고 소중한 관계를 깨 버리는 경우가 생겨납니다.

하나의 과정으로 찾아오는 자신의 주관적인 느낌을 실제와 혼동하는 바람에 이전에 느껴지던 소중한 감정들은 서리 맞은 풀잎처럼 잦아들고, 모든 관계를 포기해 버리고 싶은 유혹에 빠져듭니다. 자신을 둘러싸고 있는 상황에서 탈출하고 싶다는 생각마저 듭니다. 상대방의 입장을 전혀 헤아리지 못한 채 스스로를 모든 관계로부터 격리시키려고 합니다. 이런 상태에서 벗어나지 못하면 정말로 심각한 상황에 빠져들 수 있습니다.

상대의 껍데기만 보이는 권태기의 특징을 잘 모르면, 빈껍데기를 실체로 알고 낙심하여 포기해 버리거나 공허한 마음을 달래기 위해 술이

나 도박에 빠져들며, 다시 한번 자신의 인생을 불태울 사랑의 환상을 좇다가 다시는 돌아오지 못할 강을 건너 버리는 수도 있습니다. 이런 사람은 절대로 이 과정을 통과해서 다음 단계로 진입할 수가 없습니다. 그러나 이 과정을 참고 견딘 사람에게는 비로소 만남의 마지막 단계인 '성숙기'가 찾아옵니다.

성숙기

권태기라는 우여곡절이 있고 난 후 성숙기에 들어서면 상대방이 은근히 좋아집니다. 그냥 옆에 있기만 해도 좋고 안 보면 보고 싶어집니다. 상대가 화를 내거나 심지어는 몇 대 얻어맞아도 상대방의 입장에서 상대를 헤아리려 듭니다. 상대가 어떤 행동을 해도 마음 한가운데 그의 사랑을 확신하는 구석이 있기 때문입니다.

'저이가 나를 좋아하니까 그런 거야. 아무리 그래도 저 사람은 내 거야.'

이쯤 되면 이들의 만남(사랑)을 떼어 놓을 수 있는 장애물은 이 세상에 아무것도 없습니다. 그야말로 영원한 사랑의 단계에 돌입한 것입니다. 하지만 안타깝게도 대부분의 사람들이 이 단계에 들어서지 못하고 권태기의 단계에서 인생을 끝마쳐 버립니다.

애정기의 사랑, 즉 한창 깨가 쏟아지는 시기의 사랑은 어떤 면에서 진짜 사랑이라고 볼 수 없습니다. 일시적이고 충동적인 사랑일 뿐입니다.

참사랑은 성숙기에 찾아옵니다. 사도 바울이 고린도전서 13장에서 말한 사랑도 바로 이러한 사랑입니다.

"사랑은 오래 참고… 사랑은 모든 것을 견디느니라."(4-7절)

무엇을 참고 견디라는 말입니까? 권태기에 상대방의 껍데기를 보고 느껴지는 절망감을 참고 다스리라는 말입니다. 오래 참고 견디는 사람만이 참사랑을 일구어 낼 수 있습니다. 많은 사람들이 이 시기에 사랑의 성숙을 기다리지 못하고 피상적이고 의무적인 관계를 지속하며 고통을 겪습니다.

남녀(결혼) 관계로 살펴본 만남의 관계와 단계는 일반적인 대인 관계와 교인들과의 관계, 목회자와의 관계 등 모든 인간관계에 적용될 수 있습니다. 어떤 관계에서든 이 단계를 슬기롭게 통과하는 사람은 그리 많지 않습니다. 이 과정을 통과하기 위해서 참고 견뎌야 하는 고통이 따르기 때문입니다.

옛날 우리네 여인들은 마지못해 이런 과정을 통과해야 했지만, 남자들은 이 시기를 참지 못하고 쉽게 한눈을 팔기 일쑤였습니다. 사회적인 분위기도 그것을 묵인해 주었습니다. 그래서 성숙기를 제대로 누리는 부부가 많지 않았고, 그 때문에 전국 방방곡곡에서 한 맺힌 여인들의 탄식 소리가 울려 퍼졌습니다.

이제 우리는 사랑의 모든 단계를 슬기롭게 이해했습니다. 그러니 권태기가 찾아온다 싶으면, 서로의 문제를 함께 나누고 싸우면서 정말 멋진 관계를 위해 노력할 수 있어야 합니다. 이 모든 단계를 생략하고 곧장 성숙기로 들어가는 방법이 있으면 좋겠지만 하나님은 인내를 통하여 완전한 관계를 이루어 가도록 우리를 만드셨습니다.

왜 우리를 그렇게 만드셨을까요? 예수께서 인간을 구원하기 위해 십자가 고난을 겪으셨던 것처럼, 완전한 인간관계를 이루기 위한 사랑도 십자가의 고난을 거쳐야 하기 때문입니다. 권태기는 사랑해야 하는 사람들이 사랑하기 힘들어질 때 맞이하는 십자가의 고난입니다. 십자가의 고난 이후에 부활의 영광이 찾아오는 것처럼 권태기라는 십자가의 고난이 지난 후에 사랑의 부활이 찾아오는 것입니다.

이때의 사랑은 이전의 사랑과는 다른 차원의 사랑이 됩니다. 오래 참고 고통을 견뎌 낸 사랑만큼 아름다운 것은 세상에 없습니다. 이것이 바로 우리를 향한 하나님의 섭리입니다.

눈비도 맞아 보아야

어느 청년의 부탁으로 주례를 맡은 적이 있는데 6개월쯤 후에 그의 부인이 나를 찾아왔습니다. 부부 싸움을 어찌나 격렬하게 했던지 눈두덩에 시퍼렇게 멍이 들어 있었습니다. 부인은 그런 원수 같은 인간과는 같이 살 수 없으니 갈라서겠다며 펑펑 울었습니다. 부인을 안정시킨 후 부부 싸움을 하게 된 연유를 물었습니다. 사연을 들어 보니 바로 권태기 때문이었습니다. 결혼 6개월 만에 무슨 권태기냐 하겠지만 권태기가 오는 시점은 부부에 따라 천차만별입니다. 그런데 신기하게도 부부가 동시에 권태기를 느끼는 경우는 거의 없습니다. 부인이 먼저 권태기에 접어들고 남편이 나중에 느끼든가, 반대로 남편이 먼저고 부인이 나중인 순서로 부부마다 차이가 있습니다. 만일 부부가 동시에 권태기를 느낀다면 부부 관계에 치명적인 타격을 입게 될 것입니다. 다행히도 이런 경우는 그리 흔하지 않습니다.

하여튼 이 부부의 경우 신혼 초부터 시작된 권태기 때문에 연일 부부 싸움이 그치지 않았습니다. 연애 기간이 유난히 길었던 그들은 결혼할 무렵 남편 쪽에서 이미 깨를 다 털어 버린 상태였습니다. 그러니 남편에게 있어서 결혼 생활은 지루하고 견딜 수 없는 일상이었습니다. 남편은 눈만 뜨면 짜증을 내고 신경질을 부려 대기 일쑤였습니다. 부인 쪽에서는 신혼의 단꿈에 젖어 보지도 못하고 이해할 수 없는 남편의 짜증을 감당해야 했으니 난감할 노릇이었습니다.

날마다 짜증만 내는 남편, 그것을 이해할 수 없는 아내 사이에 갈등이 깊어져 가다가 어느 날 마침내 폭발해 버린 것입니다. 일단 부부 싸움이 시작되자 그동안 두 사람 사이에 쌓인 것이 많았던 탓에 격렬하게 다툼이 오고 갔습니다. 고성이 오가다가 육박전으로 발전했습니다. 이 일로 인하여 두 사람 다 마음과 몸에 큰 상처를 입었습니다.

나는 흐느끼는 부인이 진정되기를 기다렸다가 조용히 말했습니다.

"살아온 배경이 전혀 다른 남자와 여자가 결혼해서 살다 보면, 두 사람 사이의 문화적 간극이 깊어서 조화를 이루기가 어렵습니다. 부부가 진정한 의미에서 한 몸으로 거듭나기 위해 소나기와 눈보라가 몰려오는 것입니다. 그것은 외부로부터 혹은 내부로부터 터져 나올 수 있습니다. 현재 소나기가 부인의 가정에 몰아친 것입니다. 소나기가 거칠게 몰아칠 때는 몹시 힘들고 견디기 어렵겠지만 두 사람의 결합을 더욱 단단히 하기 위한 십자가의 고난과 같은 것 아니겠습니까. 비 온 뒤 땅이 더욱 굳어지는 것과 같은 이치입니다. 앞으로도 이런 소나기와 눈보라가 두 분의 가정을 여러 번 덮쳐 올 텐데, 이제 겨우 소나기 한 번 맞은 것으로 결혼 생활을 끝내 버린다면 어떻게 참된 사랑을 이루어 갈 수 있겠습니까? 성급히 이혼을 생각지 말고, 몇 번 더 소나기를 맞아 보도록 하십시오. 그때에도 여전히 상황이 변하지 않으면 그때 가서 이혼해도 늦지 않습니다."

그 후 부인은 다시 상담하러 오지 않았습니다. 부인의 말대로 이혼을 했는지, 아니면 내 권유대로 노력하며 잘 살고 있는지 소식을 알 길이 없었습니다.

그러다 우연히 어느 기독교 단체가 주관하는 신년 하례식에서 그 부부를 만났는데 나를 보고 반색을 했습니다. 그동안 어떻게 지냈는지를 궁금해하자 부인이 쾌활한 표정으로 말을 꺼냈습니다.

"그때 저희가 이혼했더라면 큰일 날 뻔했어요. 교수님 말씀대로 소나기를 몇 번 더 맞으니까 끝나 버리는 걸 가지고, 하마터면 그때 돌이킬 수 없는 실수를 할 뻔했지 뭐예요."

그저 한 부부의 얘이기는 하지만, 어떤 관계에서고 이런 과정은 반드시 거치도록 되어 있습니다. 사람과 사람의 관계, 특히 서로 판이하게 다른 성장 배경을 가진 남성과 여성이 만나 이룬 가정에 어찌 고난의 시기가 찾아오지 않겠습니까? 그러므로 이 사실을 미리 인식하는 것은 아주 중요한 일입니다. 고난의 시기가 반드시 찾아온다는 것, 그리고 그 시기를 통과해야 비로소 참다운 사랑을 이룰 수 있다는 것을 알고 대처할 때 성숙한 인간관계를 경험할 수 있게 됩니다.

목양 관계에서의 고난

정도의 차이는 있지만 부부 관계뿐 아니라 일반적인 인간관계에서도 고난의 시기는 찾아옵니다. 목회자와 교인의 관계에서도 만남의 사이클이 똑같이 발생합니다. 이 시기를 잘 넘기지 못하고 쉽게 보따리를 꾸려 철새처럼 떠도는 목회자들이 있습니다. 진정한 목회자라면 보따리를 싸더라도 이 시기를 통과하여 성숙기에 접어들 때 싸야 합니다. 그래야만 다른 곳에 가서도 큰일을 할 수가 있습니다. 이 과정을 통과하지 못하고 단순히 사람이 보기 싫다는 이유로 보따리를 싼다면 이는 목회자다운 태도가 아닙니다.

목회자에 대한 교인들의 태도 역시 마찬가지입니다. 처음 만날 때부터 목회자를 따르고 좋아하는(애정기) 교인들이 있는가 하면, 호기심 정도로 대하는 교인들도 있습니다. 같은 교인이라도 목회자를 대하는 태도가 제각각이므로 권태기를 느끼는 시기도 갖가지인 것입니다.

어떤 교인이 목회자를 끔찍이 따르고 사랑할 때, 어떤 교인은 권태기를 느끼고 저항하는 태도를 보입니다. 그런가 하면 아직 호기심조차 느끼지 못하는 교인들도 많습니다. 그래서 목회자는 계속해서 사랑을 받기도 하고, 저항에 부딪치기도 합니다. 목회자가 이 상황을 인식하고서 교인들 각각의 반응을 이해한다면 교인들과 더불어 더욱 성숙한 관계를 이루어 나갈 수 있습니다.

이에 관련해서 목회자가 명심해야 할 것이 있습니다. 처음부터 호들갑스럽게 사랑의 신호를 보내오는 교인일수록 권태기에 접어들 때 심하게 대할 수 있다는 사실입니다. 목회자는 철새처럼 당장의 인기에 연연해서는 안 되며 교인들이 보이는 여러 반응을 통해서 바른 목양의 자세를 발견해야 합니다.

8장

상처와 치유, 두 얼굴을 가진 말

말은 한 사람의 인생을 살리기도 하고 죽이기도 할 만큼 위력적입니다.
실제로 죽이는 한마디 말이 한 사람을 끌고 다니며 그를 비참하게 하고, 살리는 말 한마디가
아무짝에도 쓸모없어 보이는 한 사람을 중요한 인물로 일으켜 세우기도 합니다.

씨가 되는 말

이웃과의 관계를 가장 힘 있고, 생명력 있게 만들어 주는 요소는 언어입니다. 대인 관계에서 곤란을 겪거나 인간관계에 어려움을 느끼는 사람들에게서 찾아볼 수 있는 공통적인 특징은 말이 죽어 있다는 것입니다. 아무리 노력해도 성과를 얻지 못하는 목회자들의 공통적인 특징도 말(설교)이 죽어 있다는 것입니다.

이들도 스스로는 자신이 기막힌 설교를 했다고 생각합니다. 즉, 진리만을 말했다고 생각하는 것입니다. 하지만 진리를 말했더라도 죽어 있

는 진리를 말하는 경우가 많습니다. 말이 살아 있는 사람치고 대인 관계나 이웃과의 관계가 원만하지 않은 사람은 없습니다. 우리의 입에서 말이 살아나는 순간부터 우리의 삶과 운명도 달라지기 시작합니다.

"말 한마디로 천 냥 빚을 갚는다."는 속담은 말의 중요성을 강조하는 속담입니다. 조선 시대 때 천 냥이면 상민이 양반이 될 수도 있는 막대한 돈입니다. 천민이라도 천 냥을 바치면 속전이 되었고, 상민도 천 냥만 있으면 양반의 족보를 살 수 있었습니다. 반대로 천 냥 빚을 지고 갚지 못하면 빚을 내준 사람의 종이 되어야 했습니다. 곧 말로써 운명도 바꿀 수 있었던 것입니다. 우리 선조들은 일찍이 말이 인간의 운명을 바꿀 만한 힘을 갖고 있다는 사실을 알고 있었습니다. "말이 씨 된다."는 속담도 있습니다. 말하는 대로, 즉 뿌린 대로 거둔다는 말입니다. 어머니가 평소 입버릇처럼 아들에게, "이 새끼야, 그렇게 못나고 빌빌대서야 대체 뭘 할 수 있겠냐?" 하고 말한다면 깊은 상처를 받은 아들은 결국 잘못된 길로 빠져들고 말 것입니다. 그런 말을 들으면서 산 사람은 대학을 나와서 사회인이 된다 해도 성공하기가 힘듭니다. 어머니가 이미 그 아들의 마음속에 '나는 아무것도 할 수 없는 사람이다.'라는 부정적인 씨앗을 심어 놨기 때문입니다.

누군들 성공적인 인생을 살고 싶지 않겠습니까? 대한민국 4천만 국민 가운데 행복하게 살기 싫어할 사람은 아마 없을 것입니다. 성공하여 행복하게 살고 싶은 욕구는 모든 인간이 갖는 속성입니다. 그런데도 행복한 인생을 사는 사람은 많지 않습니다. 왜 그렇습니까? 바로 좋지 않은 말 때문입니다. 실패하는 사람의 마음속에는 누군가로부터 들은 '너는 아무것도 할 수 없는 인간'이라는 말의 씨가 심겨져 있습니다. 그리고 이 씨가 자라 '실패'라는 열매를 맺는 것입니다. 이처럼 말은 가공할 위력을 지니고 있습니다.

크리스찬치유상담연구원 과정에는 내적 치유를 위한 여러 가지 영성훈련 프로그램이 있습니다. 이 프로그램을 진행하면서 느끼는 것은 거의 모든 사람들이 말로 인해 영혼에 깊은 상처를 받고 있다는 것입니다. 인간이 말의 장난에 놀아나고 있는 것입니다. 새 삶을 살고 싶으십니까? 이웃과 좋은 관계를 맺고 싶으십니까? 그렇다면 먼저 사용하는 말부터 바꾸십시오.

말의 심판

88올림픽이 열리고 있던 와중에 나는 특별한 외국인 방문객을 맞았습니다. 미국 텍사스의대(심장학 전문의 과정) 교수의 방문을 받았던 것입니다. 그의 방문이 내게 특별했던 것은, 그가 아주 특이한 경험을 한 사람이고, 그것 때문에 특별한 여행을 하고 있었던 까닭입니다. 다음은 그로부터 들은 얘기입니다.

어느 날 갑자기 강의 도중에 심장마비가 그를 찾아왔습니다. 심장학 교수인 그도 자기 자신의 심장마비는 예방할 수 없었던 모양입니다. 동료 교수들이 그를 소생시키기 위해 화급히 인공호흡을 실시했으나 그는 깨어나지 못했습니다. 병원에 실려 가서도 그의 상태는 호전되지 않았습니다. 이때 그는 육체를 빠져나와 자신의 육체를 바라보는, 소위 유체 이탈 현상을 경험했다고 합니다. 자신이 누워 있는 병실에서 네댓 명의 동료 교수들이 자신의 몸을 붙들고 응급처치를 하느라 땀을 뻘뻘 흘리고 있었습니다. 잠시 후 연락을 받고 뛰어온 그의 아내가 그를 부둥켜안고 오열했습니다. 주임 교수가 손을 들어 사망임을 확진하고 하얀 천으로 그의 몸을 덮었습니다. 그 순간 그의 영혼이 미끄러지듯 어딘가로 빨려 들어가기 시작했습니다.

그는 여섯 명의 심판관이 앉아 있는 넓은 방 안에 서 있었습니다. 여섯 명의 심판관이 차례로 그에게 질문을 던졌습니다. 그런데 이상하게도 심판관 중 네 명이 거의 똑같은 질문을 쏟아 놓는 것이었습니다.

"지금껏 살아오면서 당신은 입으로(말로) 얼마나 많은 사람들의 가슴에 못을 박았습니까? 또 얼마나 많은 사람들에게 소망을 주었습니까?"

이런 질문들이 쏟아지는 동안 눈앞에 그의 과거가 영상으로 펼쳐지고 있었습니다. 순식간이었지만 영화의 장면들처럼 그가 살아온 나날들이 생생하게 보여지고 있었습니다.

'저렇게나 많은 사람들이 내 말에 상처를 입었다니….'

그는 과거의 장면들을 바라보면서 충격을 받았습니다. 그의 말에 상처를 가장 많이 받은 사람은 바로 그의 아내였습니다. 반면에 자신의 말에서 소망을 발견한 사람들도 있었습니다. 과거의 장면들이 다 지나가자 심판장이 빙그레 웃으며 그에게 다시 한번 기회를 주겠다고 말했습니다. 그리고 그는 쓰러진 지 네 시간 반 만에 다시 살아났습니다.

다시 살아난 뒤 그는 학교에 7년간의 휴직계를 내고 전 세계를 돌아다니며 그가 체험한 사실을 전했습니다. 우리나라에서도 2주간 머물며 여러 곳을 방문했는데, 통역을 맡은 나도 그와 함께 여행을 했습니다. 그는 가는 곳마다 다음과 같은 말로 끝을 맺곤 했습니다.

"지금 이곳에 앉아 계신 여러분과 나를 비롯한 모든 인간들은 장차 하나님 앞, 심판대 앞에 서게 됩니다. 그때 우리는 그곳에 앉아 있는 심판장에게 이런 질문을 받게 될 것입니다. '당신 입으로 얼마나 많은 사람들의 가슴에 못을 박았는가, 또 당신 입으로 절망에 빠진 사람들에게 얼마나 많은 소망을 주었는가?' 하고요. 저는 이 사실을 전하기 위해 하던 일을 멈추고 7년 동안 전 세계를 돌아다니고 있습니다."

당신은 어떻습니까? 당신이 무심코 내뱉은 말 한마디에 얼마나 많은 사람들이 상처를 입었을까요? 아니면 얼마나 많은 사람들에게 위로와 소망을 주었을까요?

스님의 구조 요청

한신대학에 재임하던 시절의 일입니다. 대학원 연구실에 앉아 있는데, 누군가 문을 노크하는 소리가 들려왔습니다. 겨울방학 기간이라 찾아올 학생도 없는데 누굴까 하며 들어오라고 대답하자 한 남자가 불쑥 연구실로 들어섰습니다. 순간 나는 깜짝 놀라 벌떡 일어서서 그 남자를 바라보았습니다. 들어온 사람이 다름 아닌 가사 장삼에 삭발을 한 스님이었기 때문입니다. 그는 신학교 근처에 위치한 큰 절의 스님이었습니다.

"교수님의 도움이 필요해서 왔습니다."

어안이 벙벙해 있던 내가 선 채로 물었습니다.

"도움이라니, 무슨 도움 말인가요?"

"지금 제 방에 아이 하나가 와서 죽으려고 하는데, 제 힘으로는 달리 방법이 없어서 교수님을 찾아왔습니다. 죄송하지만 저와 함께 가서 아이를 도와주실 수 없겠는지요? 교수님이 이 방면에 전문가라는 얘기를 듣고 찾아왔으니 중생의 목숨 한번 살려 봅시다."

사연인즉 이렇습니다. 어느 날 그 절에 한 소년이 찾아왔습니다. 소년은 며칠간 청소며 잡일을 하면서 그 절에 머물러 있었는데 행동거지가 왠지 수상쩍어 보였습니다. 마치 무엇에 쫓기는 것처럼 몹시 불안해 보였고 다른 사람을 바라보는 눈빛이나 얼굴 표정이 예사롭지가 않았습니다. 그래서 스님들이 어디서 왔고 무엇 때문에 이곳에 왔느냐고 다그치자 소년이 갑자기 죽어 버리겠다며 길길이 날뛰기 시작했습니다. 그곳 스님들이 보기에도 소년은 정말로 죽을 결심을 한 것처럼 보였습니다. 스님들은 며칠 동안 소년을 달래도 보고 야단도 치면서 집으로 돌려보내려 했지만 막무가내였습니다. 아무리 노력을 해도 소년의 결심을 돌리지 못하자 스님들이 궁리 끝에 나를 찾아와 도움을 요청하게 된 것입니다.

스님과 함께 절에 도착하니 소년은 긴장한 표정으로 방 안에 앉아 있었습니다. 나는 소년의 마음을 열기 위해 이런저런 이야기를 나누었습니다. 마침 그 무렵에 예비고사(요즘의 수능시험) 발표가 있었기 때문에 혹시나 하는 마음에 이번에 예비고사를 보았느냐고 물었습니다. 소년은 보았다고 대답했고, 몇 점을 받았느냐는 내 질문에 170점을 받았다고 대답했습니다. 소년의 문제가 이것과 연관되어 있으리라는 직감이 들었습니다.

"그런데 왜 여길 들어왔지?"

"예비고사를 망쳤으니까요. 나 같은 건 죽어 버려야 해요!"

"예비고사 때문에 죽어 버리겠다고?"

"서울대학을 못 갈 바에야 죽는 게 나아요."

당시 서울대학에 들어가려면 예비고사에서 적어도 295점은 받아야 했습니다. 이상한 생각이 들어서 다시 물어보았습니다.

"170점으로 어떻게 서울대학에 가겠다는 거니?"

"아무튼 난 서울대학에 못 가면 죽어야 해요."

"왜, 누가 너더러 꼭 서울대학에 가야 한대?"

"엄마 아빠가요. 그리고 주변 사람들 모두가요."

"이해하기가 좀 어렵구나. 대부분 실력에 맞게 기대를 하는데, 어떻게 170점을 받는 아이한테 서울대학교 가기를 바란단 말이냐?"

"실은 내가 다니던 재수학원에서 모의고사 볼 때마다 295점 아래로 떨어져 본 적이 없어요. 항상 그 이상이었죠. 그래서 모두들 내가 서울대학에 갈 거라고 기대하는 거예요. 학교 다닐 때도 그랬고요. 그런데 막상 예비고사만 보면 170점을 넘지 못하게 돼요."

소년의 말에 따르면, 예비고사가 있기 3일 전부터 잠을 이루지 못한다고 했습니다. 잠만 못 자는 것이 아니라 먹지도 못했습니다. 미치지 않는 것이 다행일 정도였습니다. 그러니 시험을 제대로 치를 리 없었습니다. 이런 상황이 3년씩이나 계속되었는데도 평소 성적이 아주 좋았기 때문에 포기할 수도 없었습니다.

나는 무엇이 소년에게 매번 이 같은 처참한 결과를 가져오게 하는지, 그의 마음속에 들어앉아서 항상 그를 실패로 몰아가는 운전사가 무엇인지를 찾아내야만 했습니다. 여러 질문을 통해 소년을 탐색해 나가기 시작했습니다. 다행히도 말문이 터진 소년은 내 질문에 고분고분 대답해 주었습니다.

넌 애초에 글러 먹었어!

소년의 마음속에 구부러진 운전사가 자리하게 된 것은 중학교 1학년 무렵이었습니다. 중학교 1학년 때 병 때문에 시험을 제대로 보지 못한 적이 있었는데 그 무렵 소년을 잘 아는 담임선생님이 교통사고로 갑자기 세상을 뜨고 새 담임이 부임해 왔습니다. 새 담임은 새로 맡은 반을 전교에서 가장 우수한 반으로 만들어 보겠다는 강한 의지를 갖고 있었습니다. 부임한 지 며칠 후 새 담임선생이 소년을 불러서 학생들 앞에 세우고는, "이 새끼야, 시험으로 네 인생 꽃피우기는 애초에 글러 먹었어."라면서 주먹으로 소년의 이마를 툭툭 쳤습니다. 병을 앓고 나서 몹시 허약해진 소년이 선생의 가벼운 주먹질에도 중심을 제대로 잡지 못하고 힘없이 넘어져 버렸습니다. 그러자 동료 학생들이 다 같이 '와' 하고 웃음을 터뜨렸습니다. 그 순간 소년은 심한 모욕감을 느끼고 그 충격으로 정신을 잃었습니다. 가뜩이나 내성적이던 소년에게 그 상처가 유령처럼 늘 따라다녔습니다.

"시험으로 네 인생을 꽃피우기는 애초에 글러 먹었어!"

소년은 이후 그의 인생을 좌우하는 중요한 시험이 있을 때마다 실패를 거듭했습니다. 워낙 머리가 좋았기 때문에 평소에는 탁월한 실력을 보이다가도 예비고사 같은 중요한 시험 일자가 다가오면 며칠 전부터 진땀을 흘리고 잠을 자지 못하여 시험 당일에는 중환자가 되어 버리는 것이었습니다. 중학교 때 담임선생님에게 들은 모욕적인 말 한마디가 소년의 가슴속에 구부러진 운전사로 들어와 앉아서 집요하게 소년을 괴롭히고 있었던 것입니다.

말이란 이렇게 무서운 것입니다. 우리가 무심코 쏟아 내는 수많은 말들이 어느 순간에 다른 사람에게 평생 아물지 않는 상처를 만들어 주기도 하고, 반대로 절망에서 일으키기도 합니다. 예수님은 이런 말의 무서움에 대해 가장 정확하게 알고 계셨습니다. 그래서 이렇게 말씀하셨습니다.

"사람이 무슨 무익한 말을 하든지 심판 날에 이에 대하여 심문을 받으리니 네 말로 의롭다 함을 받고 네 말로 정죄함을 받으리라."(마 12:36-37)

예수님은 한 생명을 천하보다도 귀하게 여기셨기 때문에 다른 사람에게 말로 상처 입히는 것을 용납지 않으셨습니다. 생명을 사그라지게 하는 말은 무엇보다도 우리 하나님을 노하게 합니다. 그런데도 우리는 만만해 보이는 사람에게, 특히 자기 자녀에게 함부로 말하는 경향이 있습니다. 그 결과 자식들의 운명을 어둡게 만들어 버리고 맙니다.

비수가 된 말 한마디

아홉 살짜리 사내아이가 동네 우물가를 지나다가 동네 아낙이 자기를 가리키며 옆 사람에게 하는 말을 들었습니다.

"쟤는 왜 저렇게 비쩍 마르고 눈만 커다랗다니? 정말 보기 싫다!"

동네 아낙의 그 말이 어린 사내아이의 가슴에 비수처럼 날아와 꽂혔습니다. 그날 이후 28년 동안 그 아이는 한 번도 기를 펴지 못했습니다. 아무것도 할 수 없는 사람이 되어 버렸던 것입니다. 집이 부유해서 별다른 고생은 하지 않았지만 대학을 졸업한 다음에도 도무지 취직이나 결혼에 뜻을 보이지 않았습니다. 보다 못한 그의 아버지가 그를 미국으로 보냈습니다. 유학생이 많지 않았던 시절인지라 유학이라도 다녀오면 혹시 아들의 앞길이 열릴까 해서였습니다.

하지만 미국에서도 그는 사람 구실을 제대로 하지 못했습니다. 다른 사람이 4, 5년이면 마치는 공부를 13년이 넘도록 계속하고 있었고, 폐를 잘라 내야 할 만큼 건강도 악화되었습니다. 그런 상태로 그는 미국에서 세월만 보내고 있었습니다.

스물네 살에 들어간 미국에서 서른일곱이 되도록 별 볼 일 없이 지내던 그에게 어느 날 생명의 손길이 뻗쳐 왔습니다. 그가 다니던 학교의 한 기독교 서클이 그를 주목했던 것입니다. 그 서클은 모두 여학생으로 이루어져 있었는데, 항상 주눅 들어 있는 그의 모습을 측은히 여긴 그들이 그에게 용기를 불어넣어 주기로 작정했던 것입니다.

그를 위해 기도하기 시작한 여학생들이 그를 도울 수 있는 좋은 방법을 생각해 냈습니다. 그의 장점을 찾아내 표 안 나게 칭찬하기로 한 것

입니다. 털어서 먼지 안 나는 사람이 없는 것처럼 제아무리 못난 사람이라도 찾아보면 한두 가지 장점쯤은 다 가지고 있는 법입니다. 여학생들은 그를 면밀히 관찰하여 그의 장점을 찾아내기 시작했습니다.

그는 사실 많은 장점을 갖고 있었습니다. 여학생들은 그와 더불어 지내면서 그의 장점에 대해 자연스럽게 칭찬해 주었습니다. 여학생들의 이런 행동이 계속되면서 그의 태도도 차츰 달라지기 시작했습니다. 그에게서 이전에는 찾아볼 수 없었던 활기가 느껴졌습니다. 몇 달이 지나자 그의 태도에서 자신감과 당당함이 드러나기 시작했습니다. 한 여학생은 두 시간이 넘게 그와 진지한 얘기를 나누며 그의 자존감을 일깨워 주었습니다. 교정 벤치에 앉아서 그가 그들에게 얼마나 중요한 존재이고, 그들을 얼마나 기쁘게 해 주는지에 대해서 말해 주었습니다.

그 여학생과 헤어져 기숙사로 돌아온 그는 더 이상 이전의 그가 아니었습니다. 그의 마음속은 기쁨으로 충만했고 자신감이 넘쳐흘렀습니다. 그는 벽에 걸린 거울에 자신의 모습을 비춰 보았습니다. 거울 속에서 180cm의 훤칠한 키에, 완벽한 이목구비를 갖춘 잘생긴 청년이 웃고 있었습니다. 이렇게 준수한 청년이 28년 동안이나 자신을 못난이로 생각하고 주눅 든 인생을 살아왔다니 믿을 수 없었습니다.

그가 그날 거울 속에 비친 자신을 바라보면서 받은 충격은 엄청난 것이었습니다. 지금까지 살아온 세월이 너무나 분하고 억울했습니다. 그날부터 그는 열심히 공부하여 박사 학위를 받고 조국에 돌아와 교수가 된 뒤 자신에게 용기를 불어넣어 준 그 여학생과 결혼하여 행복하게 살고 있습니다.

이처럼 우리의 말은 한 사람의 인생을 살리기도 하고 죽이기도 할 만큼 위력적입니다. 죽이는 한마디의 말이 28년 동안 한 사람을 끌고 다니며 비참하게 만든 것처럼 살리는 말 한마디가 아무짝에도 쓸모없어 보이던 한 사람을 중요한 인물로 일으키기도 하는 것입니다.

여자가 무서워

나에게도 말 한마디 때문에 여자를 무서워하던 세월이 있었습니다. 중학생 때 하숙집 누나들이 무심코 떠들어 대던 말로 인해 무려 15년 동안이나 여자들 앞에만 서면 주눅이 들어 기를 펴지 못했던 것입니다.

어느 날 학교에서 돌아오고 있는데 옆방에서 누나 친구들이 수다를 떠는 소리가 들려왔습니다. 뭐 그리 웃고 떠들 게 많은지 온 집안이 떠들썩했습니다. 그 누나들은 떠드느라 내가 마당 안으로 들어서는 줄도 모르고 내 이야기를 떠들어 대고 있었습니다.

"얘들아, 태기 말이야, 걔는 못생겨서 여자 친구도 하나 없을 거야, 그치?"

그 말소리와 함께 까르르 웃는 웃음소리가 터져 나왔습니다. 그 순간 그 말과 웃음소리가 내 심장에 날아와 깊숙이 박혔습니다. 그날 이후 나는 여자들만 보면 심장이 두근거리고 행동이 부자연스러워지는 증세에 시달려야 했습니다. 세월이 지나면서 이런 증세는 여성에 대한 두려움으로 발전했고, 결국 대인공포증으로 연결되었습니다.

지금 돌이켜 보면, 썩 잘생기지도 않았지만 아주 못난이도 아닌 내 얼굴에 왜 그리도 자신이 없었는지 모르겠습니다. 그때부터 사람들 앞에 나서는 일이라면 딱 죽을 일만 같았습니다. 매사에 자신감을 가질 수 없었습니다. 이런 증상은 나이 서른에 아내를 만나 결혼한 뒤 사라졌지만, 그 때문에 무려 15년간이나 진정한 나의 삶을 살 수 없었습니다. 그 말 한마디 때문에 황금 같은 청소년기 전체를 주눅 들어 보냈다고 생각하니 지금이라도 그때 그 누나들을 찾아가 세월을 보상해 달라고 따지고 싶은 심정입니다.

태산 같은 격려의 말

다행히 모든 말이 부정적으로만 작용하는 것은 아닙니다. 지금부터는 말이 갖는 위대한 능력 즉 긍정적인 영향에 대해 살펴보기로 하겠습니다. 우리는 살아가면서 부정적인 말에 수도 없이 상처를 입습니다. 그 가운데서도 건강한 자아를 갖게 되는 것은 부정적인 말들 못지않게 긍정적인 말을 듣기 때문입니다.

오늘의 나를 있게 한 것은 초등학교 선생님께 들은 격려의 말 한마디가 있었기 때문이라고 생각합니다. 격려 한마디로 인해 선생님께서 나를 사랑하고 염려하시며 내게 기대를 갖고 계신다는 것을 깨닫게 되었고, 그에 부응하기 위해 열심히 살 수 있었던 것입니다. 또한 동네 어른들도 나를 일으켜 세우는 말씀을 많이 들려주셨습니다. 그 말들은 부정적인 말들 때문에 받은 상처를 상쇄시키고도 남을 만큼 내게 큰 영향을 미쳤습니다.

어느 누구도 부정적인 말을 한마디도 듣지 않고 살아갈 수는 없습니다. 그렇더라도 긍정적인 말을 더 많이 듣게 된다면 건강한 삶을 살아갈 수 있습니다. 그렇기 때문에 예수님도 우리의 입에서 나오는 말이 얼마나 중요한가를 누누이 역설하셨습니다.

자식이 살인강도 짓을 저질렀다면 그 절반의 책임은 부모에게 있습니다. 자식은 부모가 만들어 낸 작품이기 때문입니다. 부모가 부정적인 말로 자식을 기르면 자식은 반드시 그릇된 길로 나아가게 되어 있습니다.

한 강도가 있었습니다. 그는 집안이 나쁜 것도 아니었고 부모 슬하에서 평탄하게 자라지 못한 것도 아니었습니다. 그런데도 그가 강도가 될 수밖에 없었던 이유는 그가 어린 시절에 받은 상처 때문이었습니다. 어느 날 친구들과 수박 서리를 하다가 걸린 그를 그의 아버지가 경찰서에 넘기면서 이렇게 말했다고 합니다.

"도둑놈의 새끼는 벌 받는 것이 마땅하다."

혹 이 말이 그의 마음속에서 씨가 된 것은 아닐까요?

내가 만난 자랑스러운 사람들에 대한 이야기입니다. 살리는 말이 만들어 낸 사람들의 이야기라고 할 수 있습니다.

강원도 홍천의 어느 깊은 산골에 가난한 농부의 딸이 살았습니다. 어머니는 그녀가 철이 들기도 전에 세상을 떠났고, 아버지는 곧 재혼했지만 어느 날 스스로 목숨을 끊고 말았습니다. 이제 이 불행한 아이에게 남겨진 것은 계모와 그 계모가 낳은 이복동생들과 지독한 가난뿐이었습니다. 아이는 그래도 마을에 있는 학교에 다닐 수가 있었습니다. 입에 풀칠할 것도 없을 만큼 가난한 살림이었던지라 어린 나이에도 밤낮없이 일에 시달려야 했지만 아이는 시간이 나는 대로 학교에 달려가곤 했습니다. 그러나 말이 학생이지 거지나 다름없는 아이와 같이 놀아 줄 친구 하나 없는 학교생활이었습니다. 사실상 왕따였던 것입니다.

어느 늦은 오후, 아이가 혼자서 아무도 없는 운동장을 가로질러 걷고 있을 때 자신의 등을 부드럽게 토닥여 주는 손길이 느껴졌습니다. 누군가 하여 돌아다보던 아이는 깜짝 놀랐습니다. 일 년 삼백육십오 일 한 번도 웃지 않는다고 해서 '얼음선생님'이라는 별명이 붙어 있는 담임선생님이 그녀를 바라보며 환하게 웃고 서 계셨기 때문입니다. 담임선생님은 아이의 어깨를 토닥여 주며 말했습니다.

"영주야, 넌 보통 놈이 아니야."

며칠 후 학급일지를 들고 교무실에 들어서던 아이의 귀에 굵다란 담임선생님의 목소리가 들려왔습니다.

"선생님, 우리 반 영주 말이에요, 어린 녀석이 그 형편에 고단할 텐데 공부하겠다고 열심히 학교에 나오는 걸 보고 있으면 기특하고 대견스러워요. 아이들을 가르치다가 그 아이의 까만 눈동자와 마주치면 울컥 목이 메고 눈물이 나올 적이 많아요."

담임선생님이 다른 선생님들에게 자기를 칭찬하는 소리였습니다. 아무도 상대해 주지 않는 자기를 위해 담임선생님이 눈물을 흘려 주신다는 것입니다. 아이는 일지를 교무실 문 앞에 내려놓은 채 울면서 집으로 돌아왔습니다.

다음 날부터 이 아이에게 이상한 증세가 나타났습니다. 굶어도 배가 고프지 않았습니다. 그때까지는 강냉이죽이라도 한번 실컷 먹어 보는 것이 평생의 소원이었는데 배가 전혀 고프지 않게 된 것입니다. 또 친구들 앞에서 부끄러워하지 않게 되었습니다. 아니, 당당해졌습니다. 전에는 주눅이 들어서 친구들과 잘 어울리지 못했는데, 당당하게 자기 의사를 표현할 줄 알게 되었습니다.

초등학교를 졸업하자 다른 아이들은 중학교에 진학했지만 형편상 상급학교 진학은 꿈도 꿀 수 없는 일이었습니다. 영주는 수십 리 길을 걸어서 면장님을 찾아갔습니다. 면장님을 만나 사정 이야기를 하고 이다음에 꼭 갚을 테니 중학교 입학금을 빌려 달라고 부탁했습니다. 누더기를 걸친 작은 계집아이의 당돌한 말에 한순간 당황하던 면장님도 그녀의 향학열에 감동하여 상당한 돈을 건네주었습니다. 그 돈으로 중학교에 입학한 그녀는 이를 악물고 공부했습니다. 결국 그녀는 중·고등학교 6년 동안 장학금을 받으면서 학교에 다녔고 고등학교를 졸업할 때에는 개교 이래 처음으로 서울의 명문 대학에 합격하는 영광을 얻었습니다.

아르바이트를 하면서 대학을 졸업한 그녀는 일류 종합상사에 취직이 결정되었습니다. 지금까지의 고생을 모두 보상받는 순간이자 안정된 미래가 보장되는 순간이었습니다. 그런데 그녀의 마음이 왠지 모르게 편치가 않았습니다. 그의 내부에서 혼자서만 편히 살아서는 안 된다는 양심의 소리, '넌 보통 여자로 살아서는 안 된다!'고 하신 선생님의 목소리가 들끓고 있었기 때문이었습니다. 그녀는 대학원에 등록하여 이웃을 도우며 살 수 있는 공부를 더한 다음에 다시 대기업에 입사하여 중견 간부가 되었습니다. 가장 힘들 때 선생님으로부터 들은 따뜻한 말 한마디가 영주의 삶에 다이너마이트를 터뜨렸던 것입니다.

장군의 씨앗을 뿌린 말

경상도 안동에 권 장로가 살고 있었습니다. 권 장로는 안동 지역에서 이름 있는 선생님이기도 했습니다. 이 지역 사람들은 자기 자녀가 권 선생님 밑에서 공부하는 걸 영광으로 여겼습니다. 권 선생의 명성은 안동에서 70여 리나 떨어진 궁벽한 시골에 살던 한 농부에게도 들려왔습니다. 농부는 자기 아들이 권 선생 밑에서 배웠으면 좋겠다는 소망을 품었고, 농부의 아들 역시 아버지의 뜻을 따라 열심히 공부해서 권 선생이 근무하는 학교에 합격했습니다.

너무나 기뻤던 농부는 아들과 함께 계란 한 줄을 짚에 싸서 들고 입학식에 참석하기 위해 길을 떠났습니다. 그런데 너무 일찍 길을 나서는 바람에 학교에 도착했을 때는 아직도 새벽이었습니다. 부자는 교문 앞에서 오들오들 떨면서 날이 새기를 기다렸습니다. 제일 먼저 출근하던 권 선생이 이 부자를 보고 웬일이냐고 물었습니다. 그러자 그가 권 선생임을 알 리 없는 농부가 자랑스럽게 대답했습니다.

"우리 아들이 권 선생님이 계시다는 이 학교에 합격을 해서 입학식에 참석하러 온 것입니다."

"그렇습니까? 제가 바로 권 선생입니다. 안으로 들어가서 추위를 녹이시지요."

교무실에 들어오자 권 선생은 따뜻한 차를 끓여 대접하면서 두 부자와 이런저런 얘기를 나누기 시작했습니다. 얘기를 통해 농부의 어려운 형편을 알게 된 권 선생은 곰곰이 생각에 잠겼습니다. 농부의 형편이 아들을 안동까지 유학 보낼 정도가 아니라는 것을 알게 되었던 것입니다. 농부의 아들이 아무리 공부를 잘한다 해도 대학은 어림없어 보였습니다. 안타까운 마음이 든 권 선생이 농부의 아들을 끌어안고 등을 토닥거리면서 이렇게 격려해 주었습니다.

"너는 열심히 공부해서 육사에 가도록 해라. 그래서 장군이 되는 거야."

이 간단한 말 한마디가 농부의 아들에게 엄청난 용기를 주었습니다. 아이는 그날부터 벽에다 다음과 같이 써 붙이고 밤낮없이 책과 씨름했습니다.

"나는 육사에 가서 장군이 될 것이다."

6년 후 농부의 아들은 고등학교를 졸업하고 육군사관학교에 들어갔고, 십수 년이 흐른 뒤 마침내 장군이 되었습니다. 처음 별을 달게 되던 날 농부의 아들은 안동으로 달려가 무릎을 꿇고 스승에게 모자를 바치며 말했습니다.

"이 별은 선생님 말씀 한마디로 달게 된 것입니다."

두 번째 별을 달 때도 농부의 아들은 똑같이 행동했습니다. 말이 씨가 되어 열매를 맺었던 것입니다. 나쁜 씨를 심으면 나쁜 나무가 나오고, 좋은 씨를 심으면 좋은 나무가 나오는 것은 하늘이 정한 이치입니다. 즉, 심은 대로 거두는 것입니다. 그러므로 말이 씨가 된다는 사실을 명심해야 합니다. 다른 사람의 가슴에 어떤 말로 생명의 씨앗을 심어 줄 것인지를 생각해야 합니다.

혀만 달착지근하게 하는 말

말에도 몇 가지 종류가 있습니다. 첫 번째, 입술의 언어가 있습니다. 입술의 언어란 해도 소용이 없는 말, 즉 해 봤자 상대방에게 아무 영향도 미치지 못하는 말을 의미합니다. 이런 말은 헛소리 혹은 잔소리라고 합니다. 잔소리를 들으면서 기분 좋아할 사람은 아마 없을 것입니다. 잔소리를 하거나 자신에게 치명적인 말은 누구나 듣기 싫어합니다.

언젠가 집사람이 내게, "내가 싫어질 때가 있어요?" 하고 묻기에, "있지, 당신이 잔소리할 때 싫증을 느낄 때가 많아. 잔소리만 아니면 당신은 참 괜찮은 사람인데 말이오."라고 대답한 적이 있습니다. 그리고 이왕 말이 나온 김에 나도 집사람에게 물었습니다.

"당신도 내게 싫증을 느낄 때가 있소?"

그러자 아내가 피식 웃으며 대답했습니다.

"있지요, 그럼. 당신이 귀신 씨나락 까먹는 얘기할 때 싫증이 나요."

아내의 말에 나는 폭소를 터뜨렸지만, 소위 말의 영향력을 가르친다는 선생이 귀신 씨나락 까먹는 소리로 아내를 싫증나게 했다니 웃을 일만은 아니었습니다. 어쨌거나 귀신 씨나락 까먹는다는 소리를 다른 말로 하면 '흰소리'가 됩니다.

흰소리는 아무짝에도 쓸모없는 말, 즉 하나 마나 한 말입니다. 그런데도 우리나라 부모들이 절대로 포기하지 못하는 귀신 씨나락 까먹는 흰소리는 "그만 놀고 공부해라."는 말입니다. 이 말 듣고 명심해서 공부하는 아이들은 별로 없을 것입니다. 실제로 이 말을 학교 선생들과 함께 조사한 적이 있는데, 3만여 명의 조사 대상 아이들 중 단 한 명도 '예'라고 대답하지 않았습니다. 그런데도 우리네 부모들은 마치 하나님께 받은 사명이라도 되는 것처럼 이 말을 줄기차게 외쳐 댑니다.

한 초등학교에서 열린 강연회에 갔을 때 그 학교 교장 선생님으로부터 책을 한 권 선물 받았습니다. 학생들이 쓴 글을 모아서 낸 책이라는데, 그중 최우수 작품상을 탔다는 한 아이의 글이 유독 눈에 띄었습니다. 제목이 '목사님'이라서 더욱 눈길이 끌렸는지도 모르겠습니다. 그 글을 읽고서 나는 아연실색을 했습니다. 그 글이 "우리 엄마는 목사님이다. 교회에서 설교를 해서 목사님이 아니라 잔소리가 많아서 목사님이다.…"로 시작되고 있었기 때문입니다. 잔소리의 대명사가 목사님이라니, 언제부터 목사가 잔소리꾼으로 전락해 버린 것인지…. 잠깐 동안이었지만 서글픈 생각이 들었습니다.

입술의 언어는 통하지 않는다

잔소리를 실감했던 경험은 내게도 있습니다. 미국에서 돌아와 아이들을 학교에 보냈을 때였습니다. 아이들은 미국에서도 제법 우리말에 익숙하게 생활을 했습니다. 그래서 크게 걱정하지 않았는데, 학교에 가면서 문제가 터졌습니다.

아이들은 국어와 국사 과목을 제대로 이해하지 못했습니다. '민족의식'이라든가 '애국 애족' 같은 생경한 단어들이 아이들에게 어려웠던 것입니다. 당연히 성적이 하위권을 맴돌았습니다. 초등학교 5학년 때 귀국해서 중학교 1학년을 마칠 때까지 그 성적에서 벗어나지 못했습니다.

그런데 중학교 2학년이 되는 봄방학 때 아이가 하루 온종일 텔레비전에 매달려 있었습니다. 우리말 방송이 안 나오는 낮에는 AFKN을 틀어놓고 보았습니다. 마음 붙일 곳이 없어서 그러려니 하면서도 너무 지나치다 싶어 제 엄마가 조용히 타이르자 아이는 갑자기 미친 듯이 날뛰기 시작했습니다.

거의 알아들을 수 없는 소리로 목에 핏대를 세우며 거칠게 항의하던 아이가 제 방으로 들어가며 세차게 문을 닫았습니다. 너무 순식간에 일어난 일이었고 예상 밖의 일이어서 어안이 벙벙해진 내가 딸애가 무슨 말을 하면서 방으로 들어갔느냐고 아내에게 물었습니다.

"공부해야 한다는 건 내가 더 잘 알아!"라고 그러던데요."

그 순간 나는 텔레비전 보지 말고 공부하라는 말 가지고는 아이를 교육시킬 수 없다는 사실을 깊이 깨달았습니다. 그때까지 나는 늘 딸아이들에게 빚진 마음이었습니다. '내 공부 하자고 아이들을 미국으로 불러 들여서 결국에는 이 고생을 시키는구나.'라고 생각되었기 때문입니다.

아이가 2학년이 되면서부터 나는 가슴으로 기도하기 시작했습니다. 아이가 새벽 여섯 시에 일어나서 준비하고 학교를 가면 시계를 십 분 전 여섯 시에 맞춰 놓고 일어나서 아이 방으로 건너가 아이의 손을 붙잡거나 머리에 손을 얹고 하나님께 기도했습니다.

"하나님, 우리 아이가 공부하느라고 이렇게 고생을 합니다. 우리 아이의 수고를 하나님 꼭 기억해 주십시오. 예수님의 이름으로 기도합니다."

이런 식으로 똑같은 기도를 매일같이 드렸습니다. 아내도 나도 다시는 아이에게 공부하라는 얘기를 하지 않았습니다. 시간이 흐르면서 아이의 태도가 조금씩 달라지기 시작했습니다. 공부에 '공' 자도 꺼내지 못하게 하던 아이가 스스로 공부하기 시작했고, 폭발 직전의 화약처럼 아슬아슬하기만 하던 성격도 점차 차분해졌습니다. 한번 공부에 재미를 붙이니까 나중에는 말려도 듣지 않을 정도로 파고들었습니다. 마치 공부가 취미라도 되는 것처럼 공부에 빠져들었습니다. 아이는 과외 한 번, 학원 한 번 가지 않고 제 스스로 공부하여 버젓이 대학원을 졸업하고 결혼해서 제 신랑과 함께 미국 유학을 마치고 얼마 전 귀국했습니다. 입술의 언어는 아무런 효력이 없습니다. 오로지 마음의 언어만이 사람의 운명을 바꾸어 놓을 만큼 위대한 힘을 가지고 있습니다.

'똑똑' 언어

　두 번째, 머리의 언어가 있습니다. 머리의 언어란 지식의 언어, 정보의 언어를 말합니다. 내가 아는 것을 상대에게 가르쳐 주는 언어입니다. 이 언어는 다만 알고 있는 지식(정보)만 주고받을 수 있습니다. 곧 학생을 가르치는 선생의 언어이며, 정보를 전달해 주는 기계언어입니다.

　예를 들면, 남대문을 어떻게 가느냐는 행인의 질문에, 가는 방법을 알려 주는 말입니다. 이 말을 듣고 감동할 사람은 아무도 없습니다. 그런데도 많은 사람들이 지식의 언어에 매달려서 변화되기를 기대합니다. 그러나 인간은 절대로 지식에 의해 변화되지 않습니다. 가르치는 선생님이 아무리 지식이 많아도 가슴의 언어와 혼의 언어를 사용하지 않으면 학생들을 변화시킬 수 없습니다.

　머리의 언어를 다른 각도에서 말하자면 '똑똑' 언어입니다. 똑똑 언어는 잘난 척할 때 사용하는 언어입니다. 자기 잘났다고 뻐기는 사람을 보고 감동하는 사람은 없습니다. 세상에서 제일 꼴불견은 저 잘났다고 뻐기는 사람일 겁니다. 상대방이 모르는 것을 아는 체한다고 해서 상대방이 그를 존경해줄 줄 안다면 착각입니다. 이런 태도는 소위 식자층이라는 사람들에게서 쉽게 찾아볼 수 있습니다. 특히 교수 집단이 그렇습니다. 다른 사람보다 외국에서 나온 학술 잡지를 좀 더 빨리 읽었다고 무슨 대학자나 된 듯이 떠들어 대는 지식 도착자들이 많습니다.

　인간은 조금은 어수룩한 사람을 좋아하는 경향이 있습니다. 자신이 알고 있는 지식을 섣부르게 꺼내 놓지 않는 사람, 모르는 것을 솔직하게 모른다고 말하는 사람에게 호감을 느낍니다. 저명한 신학자 존 캅(John Cobb) 교수는 학생들이 질문했을 때, 안다고 말하는 것보다 모른다고 말하는 경우가 훨씬 많았다고 합니다. 그런데도 그는 신학자들로부터 석학 중의 석학으로 추앙을 받고 있습니다. 그의 강의실은 세계 전역에서 몰려든 학생들로 항상 만원을 이룹니다.

조금은 어수룩해 보이는 사람에게 감동하는 것은 그 어수룩함 속에서 진실이 배어 나오기 때문입니다. 그런 사람 앞에서는 누구나 편안한 느낌을 갖게 됩니다. 그래서 바보가 주인공으로 나오는 '여로' 같은 텔레비전 연속극이나 '포레스트 검프' 같은 영화가 인기입니다. 반면에 똑똑하고 잘난 사람들 앞에 가면 피곤해집니다. 무시당할까 봐 주눅이 들어서 긴장합니다. 그런데 불행하게도 우리 주위에는 똑똑하고 잘난 사람이 너무 많은 것 같습니다.

의사소동은 입에서 나오는 '소리(utterance)'로만 이루어지는 것이 아닙니다. 말은 소리, 얼굴 표정, 손짓, 몸짓 등 우리의 전 인격을 통해 이루어집니다. 심지어 침묵으로 자신의 의사를 표현하는 수도 있습니다. 그래서 말(의사소통)이 우리 생활에서 절대적으로 중요한 위치를 차지하는 것입니다.

마음을 알아주는 말

세 번째, 가슴의 언어가 있습니다. 가슴의 언어란 이해와 공감의 언어를 말합니다. 다른 말로 하면 마음을 알아주는 말이 됩니다. 인간은 누군가 자기 마음을 알아줄 때 변화되는 특성을 갖고 있습니다.

마음이 헛헛한 사람에게 조용히 다가가 그의 가치를 알아주고 마음을 어루만져 준다면 그는 평생 그 사람에게 충성하게 될 것입니다. 그 사람을 위해서 기꺼이 불 가운데라도 뛰어들 것입니다.

마음을 알아주는 말에는 대단한 힘이 있습니다. 하지만 불의한 목적을 위해서 이런 말을 사용해서는 안 됩니다. 우리는 예수께서 삭개오를 향해 하신 말씀을 기억해야 합니다. 삭개오는 외로운 사람이었습니다. 그는 자기 나라에 살면서도 매국노라며 배척을 받았고, 부자이면서도 군중 속에 끼지도 못할 만큼 멸시받는 사람이었습니다. 예수님은 이런 삭개오의 마음을 알아주셨습니다.

"삭개오야 내려오너라. 오늘 내가 네 집에 묵겠다."라고 하신 말씀은 '삭개오야, 그동안 네가 얼마나 고달프게 살았는지 내가 잘 안다. 다른 사람이 다 너를 욕해도 나는 너를 욕하지 않겠다.'는 선언입니다. 그 말을 듣는 순간 삭개오의 전 인격이 바뀌었습니다. 이런 말이 바로 가슴의 언어입니다. 가슴의 언어란 바로 마음을 알아주는 말입니다.

살리는 말, 죽이는 말

1960년대에 미국의 케네디공학연구소에서 '마음을 알아주는 말'이 사람에게 어떤 영향을 미치는지에 대해 실험했습니다. 이 연구소는 "왜 동시에 출발한 동업종의 회사들이 어떤 곳은 몇 년 안에 망하고, 어떤 곳은 성장을 거듭하는가?"에 관심을 두고 연구를 진행했습니다.

상식적으로는 기술이 발달한 회사가 성공하리라고 여겨집니다. 그러나 이 연구소에서 미국 전역의 회사를 대상으로 조사한 바에 따르면, 기술의 회사 공헌도는 불과 15퍼센트에 지나지 않았다고 합니다. 그렇다면 무엇이 회사를 성장시키고 발전시켰을까요? 이 연구 보고서는 놀랍게도 '인간관계'가 회사 발전에 지대한 공헌을 한다고 말하고 있습니다. 회사 발전의 85퍼센트를 인간관계가 담당한다는 것입니다.

이런 인간관계를 형성하는 핵심 요소가 바로 말입니다. 말이 인간관계를 성공으로 이끌어 가기도 하고 실패로 이끌어 가기도 합니다. 곧 말이 회사를 살리기도 하고, 망하게도 하는 것입니다. 교회도 마찬가지입니다. 말(말씀)이 살아 있는 교회는 부흥하고, 말(말씀)이 죽은 교회는 쇠락합니다.

살아 있는 말은 마음속에 주님이 계실 때 나오는 말입니다. 악인은 아무리 말을 아름답게 꾸며도 살아 있는 말을 할 수가 없습니다. 일상적인 말로도 얼마든지 다른 사람을 죽일 수도, 살릴 수도 있다는 점을 명심해야 합니다.

기분의 언어

케네디공학연구소는 이 연구를 통해 마음을 알아주는 말은 청자의 내부에서 세포 변화가 일어나게 한다는 사실을 발견했습니다. 세포는 생명체의 최소 단위로 모든 생명체는 세포로 이루어져 있습니다. 우리 몸을 구성하고 있는 세포들도 각각의 세포의 핵을 둘러싸고 있는 바깥 전자가 끊임없이 회전하면서 생명을 유지시켜 주는 역할을 하기 때문에 살아 있는 것입니다.

연구팀은 누군가로부터 자기 마음을 알아주는 얘기를 들은 사람에게서 이 세포 전자의 회전수가 폭발적으로 증가한다는 사실을 임상 실험을 통해 확인했습니다. 세포 전자의 회전수가 증가하면 육체적으로 활력이 넘치게 될 뿐만 아니라 정신력과 창의력, 지능이 동시에 올라간다는 사실 또한 실험으로 입증하였습니다.

인간은 하나님으로부터 100퍼센트의 창의력을 받고 태어나지만 평생 7퍼센트도 다 쓰지 못하고 세상을 떠난다고 합니다. 우리가 흔히 천재라고 부르는 사람들도 고작 15퍼센트 정도를 발휘하는 정도라고 하니 우리 인체가 얼마나 신비한지 새삼스럽습니다.

여기에 우리 마음의 비밀이 있습니다. 7퍼센트의 창의력밖에 활용하지 못하던 사람이 어떤 동기(자기를 알아주는 말을 듣고)로 세포의 전자 회전수가 빨라지면 순식간에 배나 되는 창의력을 발휘할 수 있게 되는 것입니다. 이때는 창의력이 7퍼센트일 때는 볼 수 없었던 인생에 대한 넓은 시야와 통찰력을 갖게 합니다. 그야말로 엄청난 말의 기능이 아닐 수 없습니다.

이것을 다른 말로 표현하면 '기분의 언어'라고 할 수 있습니다. 사람이 느끼는 기분은 기쁨, 슬픔, 화남, 무서움의 네 가지 상태로 나눌 수 있다고 합니다. 내적 치유에서 이 네 가지 기분 상태는 매우 중요합니다. 자신의 기분 상태를 정확하게 진술할 수 있는 사람은 건강한 사람입니다. 자신의 기분이나 느낌을 있는 그대로 표현할 수 없는 사람은 깊은 상처가 있는데도 너무 오랫동안 자신의 감정을 밖으로 표출하지 못하고 억압해 온 사람입니다. 우리나라 사람들 가운데는 유난히 자신의 감정을 잘 모르는 사람들이 많이 있습니다. 오랫동안 자기감정을 드러내지 않는 것을 미덕으로 여기는 사회에서 살아왔기 때문입니다.

공감의 언어를 구사할 줄 아는 부모

학교에서 돌아온 아이가 이렇게 말한다고 가정해 봅시다.

"엄마 아빠, 오늘 학교에서 말이에요, 공부를 하고 있는데 누가 뒤에서 머리를 자꾸 쓰다듬는 거예요. 그래서 돌아다보니까 우리 선생님이셨어요."

이때 당신은 아이의 감정을 읽고 아이의 기쁨에 공감한다는 표현을 해 주어야 합니다. 인간은 상대방이 자기감정을 읽어 줄 때 자신의 마음을 알아준다고 느낍니다. 감정을 읽어 줄 때 놀라운 능력을 발휘합니다. 자신의 감정을 읽어 줄 때 감은 눈을 뜨고, 상대에게 생명을 바칠 생각을 하게 됩니다. 자녀의 감정을 읽고 표현하는 당신의 말 한마디가 자녀의 운명을 바꿀 수도 있습니다.

그러나 이때 이렇게 말한다면 입술의 언어가 됩니다.

"그 선생도 참 할 일이 없었나 보다."

"그 선생이 어찌 너만 쓰다듬었겠니?"

이런 말들은 그야말로 아무짝에도 쓸데없는 헛소리에 불과합니다.

머리의 언어를 사용한 경우라면, "그 선생이 너를 좋아하나 보다." 정도가 될 것입니다.

이런 말들은 단순한 사실을 설명하고 있습니다. 선생이 제자를 사랑하니까 머리를 쓰다듬는 것이지, 별 뜻이 있겠느냐는 의미 내지 선생님으로서 당연한 일이라는 식의 단순 정보를 전달하는 수준에 그칩니다. 이런 말은 아이에게 별다른 영향을 주지 못합니다.

반면에 기분의 언어를 사용하는 부모들은 자녀의 머리를 쓰다듬으면서 "어머나, 우리 누구누구가 몹시 기분이 좋았겠네!"라며 자녀의 감정을 읽어 주면서 덩달아 기뻐해 줍니다. 이때 자녀들은 비록 머리로는 해석하지 못해도 가슴속으로 엄마 아빠가 자신의 마음을 알아준다고 생각하게 됩니다. 양자 간에 교감이 이루어지는 것입니다. 아이는 자신의 마음을 알아주는 엄마 아빠의 마음을 자기도 헤아려 보려고 애쓰게 됩니다. 항상 자기감정을 읽어 주는 엄마 아빠를 기쁘게 해 주려고 노력합니다. 충성을 다하는 것입니다.

몇 년 전 어느 초등학교에서 일어났던 실화입니다. 4학년 1학기 때까지 어떤 과목에서도 70점 이상을 받아 본 적이 없는 한 학생이 있었습니다. 그 아이의 성적은 평균 60점 정도였습니다. 초등학교 선생인 아이의 어머니도 아이의 성적을 올리는 일에서 손을 들고 말았습니다.

2학기가 되던 어느 날 아이가 산수 시험에서 90점을 받아 왔습니다. 평소 70점도 못 받다가 90점을 받았으니 아이의 기쁨은 말로 할 수 없을 정도였습니다. 아이는 남들이 볼 수 있도록 한 손에 시험지를 펼쳐 들고 집을 향해 달렸습니다. 집에 도착하자 아이는 요란스레 초인종을 눌러 댔습니다. 대문을 열어 주던 엄마의 눈에 아이의 모습이 들어옵니다. 아이는 개선장군처럼 한 손에 90점짜리 산수 시험지를 펄럭이면서 호기 있게 엄마를 부르고 있습니다. 이미 언어 훈련을 받은 바 있는 엄마는 밖으로 뛰어나가 아이를 껴안으며 이렇게 말해 주었습니다.

"아이고 우리 아들 얼마나 신이 날까, 엄마도 이렇게 신나는데…."

자기의 기분을 이해하고 공감해 주는 말을 들은 아이는 뛸 듯이 기뻐하며 시험지를 앞으로 내밀었습니다. 인간은 이럴 때 변화가 일어납니다. 엄마가 공감해 주는 순간에 아이의 세포 전자가 폭발적으로 회전하기 시작합니다. 엄마는 아이의 아빠에게도 이 일을 얼른 귀띔해 주었고, 퇴근해서 돌아온 아빠 역시 아들을 껴안고 엄마와 똑같은 말로 격려해 주었습니다. 아이에게 이날은 생애 최고의 날이 되었고, 그날 이후 아이의 성적은 거짓말처럼 쑥쑥 올라갔습니다. 아이는 나중에 미국의 MIT 대학에서 박사 학위를 받고 훌륭한 학자가 되었습니다. 이것이 말이 갖는 힘입니다.

가슴 언어의 비결

만일 누군가가 끊임없이 당신을 북돋아 준다면 당신은 틀림없이 더욱 폭넓은 인생을 살게 될 것입니다. 지금까지 어두운 인생을 살아왔더라도 밝고 긍정적인 인생관으로 바뀌게 될 것입니다. 전도할 대상이 있으십니까? 그렇다면 먼저 가슴의 언어로 접근하십시오. 그렇게 5, 6개월 그 사람의 기분에 공감하고 이해해 주는 말로 인간관계를 맺은 다음에 그리스도를 전한다면 쉽게 복음을 받아들일 것입니다. 가슴의 언어에는 마음의 문을 열게 하는 힘이 있습니다.

가슴의 언어로 다가가기 위해서는 먼저 상대의 상태부터 파악해야 합니다. 그가 현재 어떤 형편에 처해 있는지, 그의 개인적인 상황과 사회적인 상황은 어떠한지, 그가 고민하고 있는 문제는 무엇인지를 먼저 파악해야 그를 위한 가슴의 언어를 준비하여 말할 수 있게 됩니다. 예를 들어, 어떤 집에 입시를 앞둔 수험생이 있다면, 종종 만나서 이렇게 말해 줍니다.

"아무개 엄마, 아무개 때문에 요새 무척 힘들지? 나도 당신 딸을 위해 기도하고 있어."

이 말을 들은 아무개 엄마는 마음속으로 무척 고마워할 것입니다. 어쩌면 죽는 날까지 당신의 따뜻한 마음씨를 잊지 못할지도 모릅니다.

인간관계를 맺는 가장 좋은 비법은 가슴의 언어를 사용하는 것입니다. 가령 새로 이사 온 이웃집 사람과 좋은 관계를 맺고 싶다면 먼저 그 가족에 대한 몇 가지 정보를 수집합니다. 정보라고 해서 사생활을 침해할 정도의 것을 말하는 것은 아닙니다.

예를 들어, 그 가족의 생활 정도는 어떠한지, 혹 가정 형편이 너무 어려워서 다른 사람의 도움이 필요한 것은 아닌지, 아이들은 몇 학년인지, 두드러질 정도로 가족 사이가 나쁜 것은 아닌지, 어떤 종교를 갖고 있는지, 전화번호는 몇 번인지 등등의 정보를 말합니다. 정보를 수집하는 과정 자체가 그 가족에 대한 관심의 표현입니다. 일단 정보 수집이 끝나면 수집한 정보의 내용을 토대로 그에게 접근합니다. 만일 수험생이 있는 가정이라면 뒷바라지하느라 애쓴다며 격려해 주고, 시험에 합격했다는 얘기를 들으면 가슴의 언어를 사용하여 축하해 줍니다.

"아이가 시험에 합격을 해서 얼마나 좋으세요. 나도 이렇게 기분이 좋은데…. 정말 축하합니다!"

이런 식으로 몇 번만 이웃집 사람들과 교제를 나누게 된다면 오래지 않아 그들의 마음을 얻을 수 있게 될 것입니다.

형제 싸움의 대처법

한집에 두 아이가 있으면 날마다 전쟁이 일어나기 십상입니다. 큰아이와 작은아이가 붙어서 싸우면, 대개 힘이 달리는 작은아이가 먼저 싸움을 포기하고 엄마에게 쪼르르 달려가 안기면서 엉엉 울어 댑니다. 형한테 얻어맞은 작은아이는 지금 몹시 화가 나 있습니다. 이때 아이가 운다고 해서 아이가 슬퍼한다고 판단한다면 엄마로서 자격이 없는 사람입니다. 화가 나서 우는 아이에게 엄마가 해 줄 일이 있습니다. 아이를 껴안고 이해하고 공감해 주는 일입니다.

"형아가 널 때리니까 화나지? 엄마도 화가 난단다."

엄마로부터 자신을 알아주는 말을 들은 아이의 세포 전자가 급격한 회전속도를 보입니다. 이런 일이 반복되면서 아이의 마음 그릇이 커져 갑니다. 서구 사회에서 둘째 아이가 큰아이보다 인생의 성공률이 더 높은 것도 바로 이런 이유 때문입니다.

하지만 우리의 엄마들은 아이들이 싸울 때 대체로 다음과 같은 행동 양상을 보입니다. 우선 큰아이부터 야단을 칩니다.

"넌 왜 형이 되어 가지고 어린 동생을 때리는 거니? 네가 형이야? 형이면 형답게 굴어야지. 너는 형 자격도 없어."

그것도 모자라 분이 풀릴 때까지 아이를 때리기도 합니다. 그리고 다음에는 형한테 맞아 울고 있는 작은아이를 붙들고 닦달합니다.

"너 왜 그랬어? 네가 잘했으면 형이 널 때렸겠어? 잘못했으면 맞아도 싸지."

이런 식이라면 큰아이, 작은아이 할 것 없이 모두 세포 전자의 회전수가 급격히 떨어집니다. 7퍼센트 정도 발휘되던 창의력이 도리어 2, 3퍼센트로 떨어져 버리는 것입니다. 이런 아이들에게서 온전한 성장을 기대할 수는 없습니다.

영혼을 움직이는 언어

네 번째로 혼(영)의 언어가 있습니다. 가슴의 언어가 사람의 가슴을 움직인다면 혼의 언어는 인간의 영혼을 움직이는 언어입니다. 가슴의 언어가 사람의 마음을 순간적으로 감동시키는 힘이 있다면 혼의 언어는 사람의 마음에 인장(印章)처럼 영원히 박히는 힘이 있습니다.

혼의 언어란 무엇입니까? 혼의 언어란 혼이 말을 하는 것입니다. 혼이 하는 말을 듣고 혼이 알아듣는 언어를 말합니다. 혼은 눈, 얼굴 표정, 손, 몸동작 등을 통해서 말을 합니다. 아무 말을 하지 않아도 우리의 몸 전체가 얘기를 하고 있는 것입니다. 오히려 입에서 나오는 말보다 더 많은 의미를 전해 줍니다.

설교 때 원고를 보면서 무표정하게 읽어 내려가면 감동을 주지 못하는 것도 이 때문입니다. 청중은 설교자의 얼굴 표정, 태도, 동작 등을 통해서도 메시지를 듣게 되니까요. '혼의 언어'를 다른 말로는 '몸의 언어'라고도 합니다. 몸 전체로 하는 말은 듣는 사람에게 진리를 전달해 주는 컨베이어 역할을 합니다. 아무리 좋은 내용이라도 몸의 언어가 부실하다면 청자에게 감동을 주기가 어렵습니다.

목회자가 살아 있는 말을 해야 교회가 살아나고 목회도 성공할 수 있습니다. 목회자가 눈으로, 얼굴로, 표정으로, 더 나아가 몸 전체로 뜨겁게 혼의 언어를 전달할 때 복음이 진리가 되고, 상한 마음이 치유되고, 교회가 살아나는 것입니다.

다음과 같은 상황을 한번 상상해 보십시오.

교수가 강의를 하고 있는데 앞자리에 앉은 한 여학생이 열심히 듣고 있습니다. 그 학생은 언제나 맨 앞자리에 앉아 진심으로 그 교수의 강의를 경청합니다. 그런 그녀의 태도를 기쁘게 여긴 교수가 그녀를 칭찬하려 합니다.

첫 번째 상황—입술의 언어

교수는 의자에 앉아서 거만한 표정으로 그 학생을 향해 말합니다. 목소리는 한껏 깔고, 시선은 상대방을 정확히 바라보지 않습니다.

"학생, 정말 감사합니다. 언제나 이렇게 앞자리에 앉아서 강의를 듣는군요. 강의하는 사람은 학생 같은 사람이 몇 명만 있어도 피곤하지 않은 법이죠. 그렇게 열심히 들어 주니 정말 고마워요. 내게 많은 힘이 됩니다."

 구구절절이 옳은 말이지만 이 말이 그 학생의 마음을 움직일 수 있을까요? 그렇지 못할 겁니다. 입으로는 고맙다고 말하면서도 혼으로는 그 학생을 무시하고 있기 때문입니다.

두 번째 상황—혼의 언어

 환하게 웃는 얼굴로 그 학생 앞으로 다가간 교수가 상체를 약간 구부리며 목례를 합니다. 목소리는 진지하고 경쾌하며 시선은 그 학생을 똑바로 향해 있습니다.

 "학생, 늘 내 강의를 경청해 줘서 고마워요."

 이때 그 학생에게 교수님의 고마워하는 마음이 느껴집니다. 많은 말을 하지 않았어도 몸 전체로 고마움을 표시했기 때문입니다. 짧은 말 속에 들어 있는 진실이 고스란히 전달된 것입니다.

 이런 태도로 다가오는 사람을 경계할 사람은 아무도 없습니다. 자신도 모르게 마음의 문빗장을 풀어 버리고 그를 받아들이게 됩니다. 인간관계가 잘 이루어지지 않는 원인은 상대에게 지지 않으려는 마음, 나를 내주지 않으려는 마음의 방어벽 때문입니다. 하지만 혼의 언어를 말하는 사람 앞에서는 마음의 방어벽도 금세 허물어져 버립니다.

말이 바뀌면 인생이 바뀐다

　인간은 자기 몸을 낮추고 다가와서 자신의 얘기를 들을 자세를 취하는 사람을 만날 때 쉽게 마음의 방어벽을 허물게 됩니다. 마음의 방어벽이 무너졌다는 것은 상대를 마음으로부터 받아들였다는 것을 의미합니다. 곧 내 마음의 고삐를 상대에게 넘겨주었다는 말입니다. 반대의 경우도 마찬가지입니다. 여기에 아내가 남편을 완전한 자기편으로 만들고, 남편이 아내를 자기편으로 만드는 비밀이 숨어 있습니다.

　남편이/아내가 멋없이 굴어서 소망이 없다고 느껴질 때 이런 혼의 언어를 사용해 보십시오. 상대가 얘기할 때, 상대에게 살짝 다가가서 몸을 약간 숙이고 그 사람의 이야기를 열심히 들어 주는 것입니다. 듣기 거북하더라도 꾹 참고 들어 주는 일을 몇 달 동안 계속해 보십시오. 틀림없이 다섯 달 안에 상대가 변화하는 모습을 보게 될 것입니다.

　아이들한테도 마찬가지입니다. 혼의 언어로 다가가면 아이들은 부모를 향해 드리웠던 두꺼운 장막을 걷어내 버립니다. 그래서 혼의 언어를 폭탄 언어라고도 말합니다. 아무리 단단한 마음의 벽이라도 폭탄처럼 부숴 버릴 수 있기 때문입니다. 무엇보다도 혼의 언어는 말하기보다는 들어 주는 언어이며, 이해하고 공감해 주는 언어입니다. 상대가 말할 때 고개를 끄덕여 주며 혼으로 다가가는 언어입니다.

　하지만 하루아침에 이런 혼의 언어를 구사할 수 있게 되는 것은 아닙니다. 혼의 언어를 말하기 위해서는 허세를 버리고 낮아지고 겸손해져야 하는데, 그보다는 사람들에게 인정받고 싶고 존경받고 싶은 것이 우선이니까요. 그래서 혼의 언어를 말하기 위해서는 훈련이 필요합니다.

크리스찬치유상담연구원 같은 전문 기관에서 훈련을 받는 것이 빠른 방법이 될 수는 있겠지만, 여의치 않다면 20일 정도 말할 때마다 거울을 들여다보면서 자신이 현재 어떤 말을 어떤 표정으로 하고 있는지 살펴보는 것도 좋은 방법입니다. 혹 쓸데없는 말을 너무 많이 하고 있는 자신의 모습을 발견하고 놀라게 될지도 모릅니다.

그런 다음에 이웃들에게 전화하십시오. 우선 아는 집부터 시작하는 것이 좋습니다. 좋은 일이 있는 이웃에게는 축하의 말을, 비통한 일을 당한 이웃에게는 위로의 말을 건네십시오. 적당한 정도로 다가가서 당신의 사랑을 전하십시오. 장차 그들이 반드시 변화된 모습으로 당신을 맞이하게 될 것입니다. 그뿐만 아니라 당신도 어느새 입술이 온전한 사람으로 바뀌어 있을 것입니다.

다시 한번 강조하지만 말을 바꿀 수 있다면 운명을 바꿀 수 있습니다. 말이 바뀌면 나를 대하는 주위 사람들의 태도가 달라지고, 창의력과 지능이 높아져서 안 될 일이 없어집니다. 말씀이 육신이 되고 생명이 되신 것처럼, 말이 생명을 살리는 놀라운 사건을 만들어 내는 것입니다.

3부

숨겨진 상처를 치유하는 길

9장
프로이드에게서 배우는 치유의 지혜

프로이드는 지금까지의 전통적인 인간관과는 다른 시각으로 인간의 아픔에 접근했습니다.
그리고 인간은 복합적이고 다면적인 심리 구조를 가지고 있으며,
질병이 이런 인간의 심리 구조와 무관하지 않다는 사실을 발견했습니다.

인간의 그릇

프로이드(Freud) 심리학의 핵심 포인트는 '인간은 변하지 않는다.'라는 것입니다. 프로이드에 따르면, 어린 시절에 조성된 인간, 즉 인간성은 절대로 변하지 않는다고 합니다. 오늘날에는 그의 이론에 이의를 제기하는 학자들이 많습니다만 아직까지도 그의 이론 중 많은 부분이 타당성을 인정받고 있습니다. 그것은 그가 인간은 변하지 않는다고 주장할 때, 인간의 그릇에 대하여 말하고 있기 때문입니다.

그의 주장대로 사람의 틀은 한번 결정된 후에는 잘 변하지 않습니다.

어린아이 때 간장 종지로 만들어진 사람은 나이가 들어서도 간장 종지로 살아가고, 어린아이 때 항아리로 만들어진 사람은 커서도 항아리로 살아가게 되는 경우가 대부분입니다. 어린 시절에 받은 영향이 평생을 좌우한다는 말입니다.

이에 비해 인간은 변한다고 주장하는 사람들은 인간의 그릇(틀)이 아니라 그릇에 담긴 내용물이 변한다고 주장하는 것입니다. 즉, 어떤 사람이 더러운 것이 가득 차 있는 그릇을 갖고 있었는데, 무슨 일인가로 영향을 받아 더러운 것이 전부 비워지고 새로워지면 큰일을 할 수 있게 된다는 것입니다. 하지만 이것은 그릇의 내용물이 바뀔 뿐이지, 그릇 자체가 바뀐다는 의미는 아닙니다.

나의 경우를 말한다면, 나는 그릇이 아주 작은 사람입니다. 나의 그릇은 엄부 밑에서 애초에 작게 만들어졌습니다. 그런 줄도 모르고 한때 내 그릇을 키워 보리라 결심하고 애를 쓴 적도 있습니다. 그러나 결국 작은 그릇임을 인정하고 그릇의 내용물을 바꾸기로 결심했습니다. 더러운 것이 가득해지면 맑은 것으로 바꾸고, 낡은 것이 가득해지면 새것으로 바꾸려 애썼습니다. 그러나 아무리 내용물이 달라진다고 해도 그릇 자체가 달라지는 것은 아닙니다. 그러므로 그릇을 바꾸려 하기보다는 내용물을 바꾸도록 노력해야 합니다. 그 편이 현명합니다.

그런데도 "저 집사/장로는 내가 십 년을 목회하면서 그렇게 가르쳤는데도 왜 저 모양인지 모르겠어."라며 한탄하는 목회자들이 꽤 많이 있습니다. 간장 종지가 항아리가 되지 않는다는 사실을 모르는 까닭입니다.

프로이드의 주장대로 한번 만들어진 인간이라는 그릇은 좀처럼 변화되지 않습니다. 하지만 한 가지 예외가 있는데, 바로 예수님을 만날 때입니다. 예수님을 만나 거듭남을 체험하면 인간은 완전히 새로운 피조물로 변화될 수 있습니다.

만일 그릇이 큰 사람에게 더러운 것들이 가득 담겨 있다면 못된 짓도 그만큼 크게 하게 될 것입니다. 이런 사람들의 그릇에 선한 것들을 바꿔 넣을 수 있다면 아주 큰일을 해낼 수 있습니다. 김익두 목사, 이기풍 목사 같은 분들이 바로 그런 사람들입니다.

불신자가 지은 농산물은 먹지 않는다?

기독교인들도 프로이드가 발견해 낸 인간 심리의 일단을 참고할 필요가 있습니다. 그가 유태인으로서 하나님을 믿지 않았기 때문에 많은 신학자들이 그의 이론을 신학에 접목하는 데 거부감을 나타냈지만 편견을 버리고 인간의 심층 심리를 꿰뚫어 보았던 그의 천재적인 통찰력을 활용할 줄 알아야 합니다. 그가 신앙이 없었다는 이유만으로 그의 모든 이론을 배척해야 한다면, 신앙이 없는 사람 혹은 신앙이 다른 사람이 발명해 낸 약(藥)도 먹지 말아야 할 것입니다.

치유 상담의 과정에는 '춤 치료' 과정도 있습니다. 춤 치료를 하던 도중에 생긴 일입니다. 음악을 틀어 놓고 한참 동안 신나게 춤을 추고 있는데 한 사람이 갑자기 동작을 그치고 다가와서 심각한 표정으로 물었습니다.

"이 음악을 작곡한 사람이 신앙인입니까? 아니면 불신자입니까?"

"모르겠는데요."

"그렇다면 나는 추지 않겠습니다."

그는 단호하게 춤추기를 거부했습니다. 혹 불신자가 작곡한 음악일지 모른다는 것이 춤을 추지 않겠다는 이유였습니다. 그때까지는 이틀간 열심히 춤을 추면서 하나님의 은혜를 찬미했었습니다. 참으로 어이없는 일이었지만 의외로 신자들 중에는 이런 사람들이 많이 있습니다. 만약 그의 주장대로라면 불신자가 지은 농산물도 입에 대지 말아야 할 것입니다.

이런 행위는 하나님이 우리의 생명을 위해 마련해 놓으신 풍성한 원리를 모르기 때문에 비롯된 것입니다. 하나님의 원리는 신자들을 통해서도 발견되지만, 때로 불신자들을 통해서도 발견됩니다. 이 세상 만물이 다 주님의 창조물이므로 하나님의 원리에 따라 생산된 것은 그 출처가 어디든 간에 다 하나님의 것입니다. 그리고 우리에게는 그것을 이용할 은혜가 주어져 있습니다.

프로이드의 성격심리학

프로이드는 신학자들이 아퀴나스 신학에 발목이 붙들려 인간의 육체를 경시하고 있는 동안에 인간을 아프게 하는 것들이 무엇인지를 깊이 연구했던 학자입니다. 학문적인 동기에서건 또 다른 이유에서건, 그는 지금까지의 전통적인 인간관과는 다른 시각으로 인간의 아픔에 접근했습니다. 그래서 인간은 아주 복합적이고 다면적인 심리 구조를 가지고 있으며, 질병이 이런 인간의 심리 구조와 무관하지 않다는 사실을 발견해 냈습니다.

참으로 위대한 발견이 아닐 수 없습니다. 그러나 사실 그의 발견은 영과 육을 하나로 창조하신 하나님의 창조 원리를 재발견한 것에 지나지 않습니다. 누가 그 원리를 발견했건, 그것이 타당하다면 후학들은 그것을 인정하고 활용하는 것이 마땅할 것입니다.

프로이드 이후, 많은 학자들이 인간의 심리를 연구해 왔습니다. 그리고 각각 나름대로의 견해를 피력했습니다. 같은 현상을 두고도 어떤 학자는 이렇게, 어떤 학자는 저렇게 정의를 내렸습니다. 프로이드는 프로이드대로, 융은 융대로, 아들러는 아들러대로 자신이 발견한 것이 옳다고 주장했습니다. 하지만 그것들 모두 다 장님 코끼리 만지는 격에 불과합니다.

그럼에도 이들은 우리에게 중요한 단서를 제공해 주었습니다. 여러 시각장애인이 만진 부분을 한데 모아 그려 보면 코끼리의 윤곽을 잡을 수 있듯이 그들의 단편적인 연구에서 인간 심리의 윤곽을 발견할 수 있게 되었으니까요. 그런 점에서 그들의 연구는 우리에게 아주 쓸모 있는 도구가 되었습니다.

그 가운데서도 상담목회에 가장 유용하게 활용되는 이론은 발달심리학이라고 불리는 프로이드의 성격심리학입니다. 그의 이론은 그 자신의 개인적인 경험을 일반화시킨 것이 아니라 여러 사람들에게서 공통적으로 나타나는 현상을 취합, 분석하여 만들어졌기 때문에 좀 더 객관적이고 보편타당해 보입니다.

1) 구강기(출생-1세): 기도 응답을 확인하는 시기

이 시기의 아이에게 유일한 대상은 어머니입니다. 아이에게 엄마는 곧 하나님이고 세상이며, 나중에 만나게 될 모든 인간을 의미합니다. 아이는 이런 엄마를 향하여 울음으로 자신의 의사를 표현합니다. 배가 고파도 울고 똥을 싸도 울고 기저귀가 젖어도 웁니다. 모든 의사 전달을 울음으로 대신합니다. 울음은 "엄마, 배고프니까 밥 주세요.", "엄마, 기저귀 갈아 주세요."라는 아이의 의사표시이며 "하나님, 배고프니 일용할 양식을 주세요."라는 기도이기도 합니다.

아이가 기도할 때마다 입에 젖꼭지가 물려지고 기저귀가 갈려집니다. 그러면 아이의 심상에 '아하, 내가 기도할 때마다 하나님이 응답해 주시는구나!'라는 긍정적인 확신이 자리 잡게 됩니다. 이때 자리한 확신은 90세가 넘어도 소멸되지 않습니다. 반면에 아무리 기도해도(울어도) 적절한 응답이 주어지지 않을 때는 아이의 심상에 기도에 대한 부정적인 확신이 심어집니다.

2) 항문기(1-3세): 항문을 통해 쾌감을 느끼는 시기

아이가 대소변을 가리기 시작하면서 항문이라는 신체 구조에 관심을 갖게 되는 시기입니다. 아이는 이때 부모의 눈치를 보아 가며 대소변을 가리는데, 처음으로 대소변을 가릴 즈음에 보이는 부모의 반응이 아이의 성격 형성에 큰 영향을 미칠 수 있습니다. 아이가 처음으로 변기에 앉아 대변을 가릴 때 부모가 크게 기뻐하면서 "아이고, 우리 아기가 이제 다 컸네."라며 안아 주면 아이의 심상에 '나도 무엇인가 해낼 수 있다!'는 독립심이 형성됩니다. 하지만 모든 아이들이 똑같은 속도로 자라는 것은 아니어서 다른 아이에 비해 좀 늦되는 아이를 둔 부모들은 이때 조바심을 내기 쉽습니다. 그래서 아이에게 대소변을 가리지 못한다며 짜증을 내거나 야단을 치기도 합니다. 그럴 때 아이에게 불안감과 신경성적인 심상이 형성되기 쉽습니다. 이것이 프로이드가 주장하는 항문기의 단계입니다.

3) 성기기(3-5세): 첫사랑을 느끼는 시기

이 시기에 아이들은 세상에 태어나서 처음으로 이성에 대해 사랑을 느끼게 됩니다. 이 첫사랑의 경험이 일생 동안 아이를 지배합니다. 아들은 어머니를 첫사랑의 대상으로 삼고, 딸은 아버지를 첫사랑의 대상으로 삼아 사랑을 키워 갑니다. 그런 점에서 우리가 기억하는 첫사랑은 첫사랑이 아니라 사실 두 번째 사랑인 셈입니다.

먼저 아들의 경우를 살펴보겠습니다. 어머니를 사랑하는 아들의 라이벌은 아버지입니다. 어머니를 사이에 두고 아들은 아버지와 삼각관계에 놓이게 됩니다. 아들은 어머니를 독차지하고 싶어 하지만 라이벌인 아버지에게 항상 어머니를 빼앗기게 됩니다. 그래서 아버지가 밉습니다. 하지만 아버지를 대적할 만한 힘이 없습니다. 자기는 마음속으로만 어머니를 좋아하지만, 아버지는 당당하게 어머니를 차지합니다. 아버지의 말 한마디에 어머니는 꼼짝하지 못합니다. 아버지는 원한다면 언제든지 어머니를 움직일 수 있습니다. 이것을 보고 아들은, '나도 아빠 같은 사람이 되면 어머니의 사랑을 독차지할 수 있을 거야.'라고 생각하고 아버지를 모방하기 시작합니다. 자신이 감히 대적할 수 없는 상대를 만날 때는 모방하는 것이 인간의 속성이니까요.

아들은 남자가 여자한테 어떻게 하는지, 그리고 남편이 아내한테 어떻게 행동하는지를 아버지의 태도를 보고서 모방합니다. 이성적으로 모방하는 것이 아니라 가슴으로 받아들이는 것입니다. 이 시기에 가슴으로 받아들인 아버지에 대한 인상이 무의식 속에 깊이 잠재하면서 여성에 대한 남성의 틀로 형성되고, 이후 평생 바뀌지 않습니다. 아들은 이 시기에 어머니가 아버지를 대하는 행동 방식도 무의식(심상) 속에 고스란히 입력해 둡니다.

무의식 속에 입력된 정보는 저장된 상태로 있다가 결혼한 뒤에 작동됩니다. 결혼하기 전에 표현되는 남자의 태도는 진짜라고 볼 수 없습니다. 결혼 이후에야 본색이 드러나기 때문입니다. 그래서 순한 양으로 알고 결혼했다가 사나운 늑대로 돌변해 버린 남편을 보고 당황하는 아내들이 생기는 것입니다.

이번에는 딸의 경우입니다. 딸의 첫사랑은 아버지입니다. 아버지를 이성으로 사랑하기 때문에 어머니가 라이벌이 됩니다. 딸 역시 아들처럼 이 시기에 어머니가 아버지를 어떻게 대하는지, 여자가 남자를 어떻게 대하는지를 보고 그대로 모방합니다. 또한 아버지의 행동을 통해 남자가 여자에게 어떻게 대하는가를 가슴속에 그대로 입력해 둡니다.

아들의 경우와 마찬가지로 딸들의 심상 테이프도 결혼 이후에 작동됩니다. 결혼 전에는 상냥하고 부드럽던 여성이 결혼과 동시에 사나운 살쾡이로 변하는 것도 이 때문입니다. 이것이 바로 궁합입니다.

결혼 궁합

모든 사람에게는 결혼 궁합이라는 것이 있습니다. 여기에서 말하는 궁합이란 전통적인 궁합을 의미하는 것이 아니라 심리적인 궁합을 말하는 것입니다. 우스갯소리 같지만 나는 이것을 '정태기 궁합'이라고 부르고 있습니다. 내가 지적하기 전에 이 궁합을 언급한 사람이 없었기 때문입니다.

아시다시피, 사주로 궁합을 알아맞히는 것은 98퍼센트가 부정확합니다. 하지만 심리적인 궁합의 정확도는 거의 100퍼센트에 가깝습니다. 심리적인 궁합을 통해 예비부부의 결혼 생활을 거의 정확하게 예측할 수 있기 때문입니다.

인간은 절대로 첫사랑을 잊지 못하는 속성을 갖고 있습니다. 그 때문에 언제 어디에서든 첫사랑과 닮은 사람을 만나면 금세 사랑을 느끼게 됩니다. 남성의 경우엔 어머니와 닮은 여성을, 여성의 경우엔 아버지와 닮은 남성을 만날 때 친밀한 느낌을 받게 됩니다.

　나의 경우도 예외는 아니었습니다. 어머니의 별명이 '노상가시'였는데, 노상가시란 섬에서만 자라는 가시풀의 일종입니다. 이파리가 모두 가시로 되어 있어서 사람들이 만지기를 꺼려 하는 풀입니다. 그만큼 어머니의 성격이 유별났다는 의미입니다. 그런데도 어머니가 첫사랑인 나는 노상가시 같은 사람만 보면 기분이 좋아지곤 했습니다. 그래서 아마 노상가시를 닮은 집사람을 만나 결혼했는지도 모르겠습니다.

　이처럼 첫사랑이 갖고 있는 부정적인 면마저도 당사자에게는 매력 포인트로 작용을 합니다. 예를 들어, 도박과 술로 가정을 망친 어머니의 아들로 태어난 남자는 어머니의 행동에 치를 떨면서도 그런 유형의 여자를 만날 때 동정과 연민을 느끼게 됩니다. 그래서 그런 여자와 결혼하는 경우가 많습니다.

　또한 딸이 아버지의 행위를 증오하면서도 비슷한 사람에게 연민을 느끼는 것도 첫사랑의 잠재의식 탓입니다. 하지만 연민에서 비롯된 결혼 생활은 불행이 예견된 것입니다. 특별한 체험이나 신앙을 통해 슬기롭게 극복하는 경우가 아니라면 다람쥐 쳇바퀴 돌 듯이 평생 불행한 결혼 생활을 지속해 가기 쉽고 자손들에게도 나쁜 정신적 유산을 물려줄 수 있습니다.

서로 다른 심리적 궁합

내 심상에 맺혀 있는 심리적인 궁합에 대해 말해 보겠습니다. 또 다른 여인과 살림을 차렸던 나의 아버지는 일 년 중 8개월만 우리 집에 와 계셨습니다. 아버지는 주로 겨울철을 우리 집에서 보냈는데, 어머니는 이런 아버지를 위해 해마다 개를 잡아 산에서 캔 약초를 넣고 엿을 달여 주곤 했습니다. 솥에다 누런 황개와 엿기름을 넣고 삼 일 동안 푹 달여 내면 새까만 엿이 되는데, 어머니는 그것을 오지항아리에 담아 두고 아버지만 드시게 했습니다. 우리 형제들이 아무리 달라고 안달을 해도 주지 않았습니다.

내가 부뚜막에 앉아서 "어매, 나도 이 개엿 좀 먹고 싶은디…." 하면서 침을 꼴깍거려도 어머니는, "약은 둘이 먹는 게 아니란다."고 말하며 한 입도 떼어 주지 않았습니다. 그때 나의 가장 간절한 소원은 나도 빨리 장가가서 마누라가 누렁이 잡아서 해 주는 보약을 먹어 보는 것이었습니다. 그래서 여섯 살짜리가 장가보내 달라고 떼를 쓰기도 했습니다.

이 시기에 내 심상에는, '찬바람이 불면 아내는 남편에게 누렁이를 잡아서 엿을 만들어 주어야 한다. 그리고 남편은 아내를 둘 데리고 살 수 있다.'고 입력되었습니다. 그 외에도 설거지하는 아버지의 모습이나 물을 길어다 주시는 아버지의 모습도 간간이 입력되었습니다. 그러니 내 심상의 테이프에 기록된 대로 결혼 생활을 해 나가는 것이 내게는 아주 자연스러웠을 것입니다. 하지만 그것은 비도덕적이며 상대를 고려하지 않은 것입니다.

결혼 생활을 시작하면서 나는 낯선 규범을 만들어 가야만 했습니다. 두 사람의 공동체에 맞는 결혼 생활의 틀을 새로 짜야 한다는 것은 커다란 고통을 수반하는 일이었습니다. 때로 그 고통이 너무 커서 차라리 결혼 생활을 포기해 버릴까 하는 생각이 들 때도 있었지만 후손들에게 물려줄 유산을 생각하며 힘을 내곤 했습니다. 우리 대에서 비롯된 잘못된 결혼의 틀이 자식들에게 어떤 고통을 안겨 줄지를 생각했습니다. 우리 대에서 사력을 다해 바람직한 결혼의 전통을 만들어 간다면 그것이 자식들에게 상속될 것이고, 그들은 보다 나은 결혼 생활을 누릴 수 있게 될 것이란 생각이 들었습니다.

이제부터는 집사람의 심리적 궁합을 살펴보겠습니다. 결혼하여 처음 처갓집에 갔을 때 마당에서 장인어른이 장모님의 약을 달이고 있었습니다. 장모님은 몸은 약했지만 여장부다운 기질이 있으셨고 장인어른은 그런 장모님을 사랑한다기보다 무서워하는 것 같았습니다. 그도 그럴 것이 장모님은 교회를 개척할 정도로 강한 면모가 있었던 데다 기도하면 계시를 받았는데 항상 그대로 이루어졌다고 합니다. 말하자면 장인어른은 하나님과 직통하는 마나님을 모시고 살았던 것입니다.

이런 처지이다 보니 장인 입장에서 장모님은 함부로 다루기는커녕 내심 두려운 존재였을 것입니다. 그래서 그런지 장인은 장모님 말이라면 죽는시늉이라도 할 만큼 장모님을 위하는 마음이 끔찍했습니다. 곁에서 볼 때 마치 종이나 시중꾼처럼 보일 정도였습니다. 이런 부모의 모습을 보면서 자란 아내의 심상에 '남편은 아내의 종이다. 그러므로 아내가 말하기 전에 남편은 알아서 잘해야 한다.'고 입력되었음은 물론입니다.

무심한 남편

이런 아내와, 찬바람이 불면 아내는 남편에게 보약을 달여 먹여야 한다는 결혼의 틀을 가진 내가 신앙이라는 한 줄기 끈으로 부부의 인연을 맺게 되었습니다. 결혼 생활에 찬바람이 몰아칠 것은 불을 보듯 자명한 일이었습니다. 내 속에서는 항상 아버지를 닮은 당당한 내가(아버지는 첩살림을 하면서도 어머니에게 조금도 꿀리는 기색이 없었습니다.) 불뚝불뚝 일어섰고, 반면에 아내는 이런 나를 도무지 인정하지 못했습니다.

당시 우리 부부는 결혼이라는 한 이불을 덮고서 서로 다른 꿈을 꾸고 있었습니다. 나로 말할 것 같으면 찬바람이 불어도 보약을 달여 대령하지 않는 아내가 불만스러웠고, 아내로 말하자면 자신이 말하기 전에 알아서 처신하지 못하는 남편이 원망스러웠습니다. 물론 두 사람이 의식적으로 이런 생각을 했던 것이 아니라 전혀 의식하지 못하는 사이에 이런 욕구를 느끼고 있었던 것입니다. 하지만 두 사람의 욕구는 번번이 좌절되었습니다. 나는 나대로, 아내는 아내대로 상대에게서 원하는 것들을 얻을 수가 없었습니다.

이런 상태는 머리로 해석되는 것이 아닙니다. 느낌이나 감정으로 감지될 뿐입니다. 따라서 이유를 알 수 없는 짜증과 분노가 두 사람 사이에서 교차되었지만 표면적인 이유를 찾을 수 없었기 때문에 감정의 골만 깊어질 뿐이었습니다. 이런 결혼 생활이 5년 동안 지속되자 두 사람

모두 한겨울 앙상한 나뭇가지처럼 여위어 갔습니다.

나는 처갓집에 가는 일이 싫었습니다. "귀한 딸을 주었더니 저렇게 뼈만 남겨 놓았다."는 소리를 듣기가 싫었습니다. 이래저래 더 이상 견딜 수 없게 되었을 때 새로운 길이 열렸습니다. 미국 유학을 떠나게 되었던 것입니다. 나는 무책임하게 두 살과 세 살짜리 딸아이들을 아내에게 맡겨 놓고 혼자서만 미국으로 떠났습니다. 그리고 7년 동안 가족 생각을 잊어버리고 살았습니다. 그만큼 5년 동안의 결혼 생활에 넌더리가 나 있었던 것입니다.

그런데 그때만 해도 한국 유학생이 별로 없었던 데다 가족이 헤어져 사는 것을 애처롭게 여기던 미국 사회의 분위기 때문이었는지 동료 미국 학생들이 '정태기 가족 상봉'을 위한 기도 운동을 벌여 주었습니다. 그런데도 정작 나 자신은 가족 상봉에 대해 심드렁한 상태였습니다.

그러던 어느 날, 한 흑인 학생이 심각한 표정으로 찾아와서는 기도 중에 네 아내가 죽어 가는 환상을 보았으니 한국에 한 번 다녀오라고 충고해 주었습니다. 그의 말이 너무 황당해서 처음에는 별로 신경을 쓰지 않았지만 시간이 지날수록 왠지 마음에 걸렸습니다. 사실 그 학생의 말이 아니더라도 내 마음속에서 아내는 이미 죽어 가고 있었습니다. 그만큼 아내에 대해 무심했던 것입니다.

회한의 눈물

그런데 그날 저녁 참으로 이상한 일이 일어났습니다. 기숙사에 돌아와 잠을 자려고 누웠는데 천장에 아내의 얼굴이 둥둥 떠 있었습니다. 불을 껐는데도 아내의 얼굴은 더욱 선명해 보였습니다. 아내의 환영은 오랫동안 천장에 머물면서 나를 지켜보았습니다. 순간 '저 사람이 지금 죽어 가고 있단 말이지….'라는 생각이 들면서 그동안 아내에게 잘못한 일들과 아내의 사랑스러움, 아내와 좋았던 기억들이 봇물 터지듯 떠올랐습니다.

정직하고 성실한 아내, 당장 내일 먹을 끼니거리가 없어도 불평할 줄 모르던 아내에 대한 고마움이 사무쳐 왔습니다. 무엇보다도 살던 집 전세까지 빼서 남편을 유학 보내 놓고 알량한 남편을 기다리며 어렵게 두 아이를 기르고 있을 아내의 고생이 마음을 쳤습니다. 그런 아내에게 7년 동안이나 무심했었구나! 한없이 몰인정했던 내 모습을 바라보면서 깊은 자괴감에 빠졌습니다. 그날 아내의 이름을 부르면서 얼마나 울었는지 모릅니다.

자리에서 일어났을 때 먼동이 터 오고 있었습니다. 아침을 먹기 위해 들어간 식당에서 나는 다시 한번 통곡하고 말았습니다.

'내 아내와 아이들은 가난한 조국에서 끼니 걱정을 하며 살아가고 있는데 나만 이 풍요로운 나라에서 기름진 음식을 먹으며 살고 있구나!'

도저히 음식을 삼킬 수가 없었습니다. 교실에 앉아 있어도 공부가 되지 않았습니다. 칠판에 아내의 얼굴만 아른거리고 글씨도 눈에 들어오지 않았습니다. 언제 어디서고 주책없이 눈물이 흘러내렸습니다. 한번 터진 눈물은 시도 때도 없이 쏟아졌습니다. 심지어는 다른 학교에 수업을 들으러 갈 수도 없었습니다. 차를 몰고 고속도로를 달려야 하는데, 눈물이 앞을 가려 차를 몰 수가 없었기 때문입니다.

그로부터 두 달 후 가족들을 미국 땅에서 상봉할 수 있었습니다. 미국에 들어간 지 무려 7년 만의 일이었습니다. 많은 사람들이 우리 가족의 상봉을 도와주었습니다. 무엇보다도 성령님께서 내게 가족에 대한 그리움을 일깨워 주셨기에 가능한 일이었습니다.

7년 만의 가족 상봉

그날 시카고 공항 대기실에서 가족들이 출구를 빠져나오던 모습을 영원히 잊지 못할 것입니다. 7년 동안 몰라볼 만큼 훌쩍 커 버린 딸아이들을 앞세우고 활짝 웃으며 걸어 나오던 아내의 모습! 그렇게도 무심했던 남편을 원망하기는커녕 무엇이 그리 좋은지 얼굴에 함박꽃을 피우고 있었습니다. 그날 나는 한없이 울면서 하나님께 용서를 빌었습니다.

며칠 후 가족들을 데리고 미국의 명소를 둘러보는 여행길에 올랐습니다. 그렇게라도 해서 가족들에게 보상하고 싶었던 것입니다. 48일간의 여행 기간 동안 나는 가족들 몰래 화장실에 달려가 수없이 울었습니다. 아내와 아이들이 좋아하는 모습을 차마 볼 수가 없었습니다. 저렇게들 좋아하는데…. 저런 가족들을 7년씩이나 버려둔 채 살아왔다는 회한에 고개를 들 수가 없었습니다. 이토록 소중한 가족과 떨어져 살았던 세월이 억울하기만 했습니다.

공부를 계속하면서 결혼 초기에 우리 부부가 불행했던 것은 누구의 잘못 때문이 아니었다는 걸 깨닫게 되었습니다. 우리가 잘못된 결혼 생활을 할 수밖에 없었던 것은 내 잘못이나 아내의 잘못 때문이 아니었습니다. 다만 성장 환경이 너무나 다른 가정에서 자란 두 사람이 만났기 때문이었습니다. 이것을 알게 되자 아내가 조금 삐딱하게 나와도 화가 나지 않았습니다. '아내가 저러는 건 아내 잘못이 아니라 성장 과정에서 굳어진 심상의 틀 때문이야.'라고 이해하게 되었습니다.

어느 누구도 자신의 성장 환경을 스스로 선택할 수 없고, 임의로 자신의 틀을 형성할 수도 없습니다. 선택의 여지 없이 주어진 환경에서 부모라는 교과서를 보며 오랫동안 형성되어 온 틀이 하루아침에 바뀌기는 어렵습니다. 평생을 걸쳐 바꾸려고 해도 어려운 일입니다. 그러므로 자신의 틀에 상대방을 꿰어 맞추려는 시도는 어리석은 짓입니다. 그보다는 차라리 상대방이 갖고 있는 틀을 그대로 인정하고 용납해 주는 것이 더불어 평화를 이루는 현명한 방법입니다. 그럴 때 바로 결혼의 틀, 즉 궁합이 맞게 되는 것입니다.

잘못된 유산의 고리 끊기

지금까지 우리는 아들은 어머니에게, 딸은 아버지에게서 첫사랑을 느끼고, 동시에 동성 부모를 자신이 정복할 수 없는 라이벌로 인식하여 그들의 모든 행위를 모방한다는 심리적 특성에 대해 살펴보았습니다. 아이들은 마치 백지와도 같습니다. 부모가 그리는 대로 그려지기 때문입니다.

아버지가 가족들에게 주먹을 휘두르는 모습을 보면서 자란 아들은 후일 결혼해서 폭력 가장이 되기 쉽습니다. 부모로부터 주먹질을 유산으로 물려받았기 때문입니다. 그래서 어떤 상황이 발생하면 생각할 여지도 없이 반사적으로 주먹이 나가게 되어 있습니다.

하지만 똑같은 유산을 물려받았음에도 폭력을 쓰지 않는 사람이 있습니다. 훈련(교육)을 통해 스스로를 통제할 수 있게 되었기 때문입니다. 하지만 이런 사람도 폭력을 사용하지 않기 위해 죽을힘을 다해 자신의 폭력성과 대결하고 있습니다. 내적 갈등을 겪습니다. 폭력을 쓰지 않는 부모 아래서 성장한 사람이 갈등 없이 폭력을 사용하지 않는 것과는 다릅니다. 폭력성을 상속한 사람이 아무 갈등 없이 폭력성을 잠재울 길은 없습니다.

그러므로 결혼의 틀이 다른 두 사람, 즉 부모로부터 전혀 다른 유산을 물려받은 두 사람이 결합했다면 당연히 갈등을 겪을 수밖에 없습니다. 이런 커플도 행복하게 잘 사는 경우가 많은데 부부가 서로 피눈물 나는 노력을 하기 때문입니다. 함께 잘 살아 보려고 그야말로 젖 먹던 힘까지 다해 노력을 했을 것입니다. 그들의 눈물겨운 노력으로 좋은 유산을 물려받게 된 자녀들은 자연스레 아름답고 건강한 가정을 이루게 될 것입니다.

부모 대에서 노력하여 잘못된 유산을 끊고 좋은 전통을 세워 간다면 그 부모를 보면서 자란 자식들은 건강하고 큰 틀(그릇)을 갖게 되어 물 흐르듯 평탄하고 행복하게 살아갈 수가 있습니다.

자기중심성을 극복해 가기

성장하면서 나는 아버지가 어머니에게 다정하게 대하는 것은 보았으나 깊은 정을 주는 것은 보지 못했습니다. 어린아이에게 부모의 행위는 교과서와 같습니다. 아내를 깊이 사랑하는 과목을 배우지 못한 내가 아내를 깊이 사랑할 수 없는 것은 어쩌면 당연한 일이었습니다. 어떻게 해야 깊이 사랑하는 것인지조차 몰랐습니다. 그래서 우리의 결혼 생활은 불협화음의 연속이었습니다.

위기의 순간들이 찾아올 때마다 우리 부부는 자식들에게 좋은 유산을 물려주기 위해 발버둥을 쳤습니다. 배우지 않은 것을 개발하여 전통을 만들어 간다는 것은 결코 쉬운 일이 아닙니다. 자연스런 본성(폭력성, 무감각증 등)을 억제하고 평화를 지향할 때마다 분노의 감정이 몰아쳤습니다. 때로는 아무리 노력해도 본성의 욕구를 극복할 수 없었습니다. 그때마다 우리는 자식들에게만은 우리가 겪는 고통과 갈등을 더 이상 물려주지 않겠다는 각오로 이를 악물었습니다.

굳은 인상을 펴고 아내와 아이들을 안아 주는 일, 손을 잡고 걷는 일은 내게 어색하기 짝이 없었습니다. 딴살림을 차리고도 위세가 당당하던 아버지라는 교과서를 제쳐 두고 가정 내에서 평등과 사랑과 화목이라는 교과서를 새로 써야 한다는 것이 내게는 너무나 부담스러웠습니다. 특히 자기중심적인 욕구와 폭력을 발휘하고 싶은 욕구, 상대를 미워하고 싶은 욕구 앞에서 나를 추스르고 통제하는 일이 너무나 버거웠습니다. 그러면서도 나의 노력들이 위선이 되지 않도록 진심을 다해야 했습니다. 이런 노력 덕분에 딸아이들은 지금도 우리가 세상에서 가장 행복한 부부인 줄로 생각하고 있습니다.

부부애가 각별한 부모 밑에서 자란 사람은 결혼 생활에서 자연스럽게 사랑을 표현할 줄 압니다. 노력하지 않아도 손을 잡거나 안아 주거나 살을 비비는 스킨십이 자연스럽게 이루어집니다. 도움을 받을 때에도 자존심을 다치지 않습니다. 성장하면서 익숙하게 보아 온 사랑의 행위들이 무의식 속에 잠재해 있다가 결혼 생활에 자연스럽게 적용되는 것입니다.

자기 대에서 좋은 전통을 만들어 가는 사람과 좋은 유산을 물려받은 사람의 차이는 엄청납니다. 전자는 아주 작은 사랑의 행위도 생각을 모으고 용기를 내어 실천에 옮기는 노력이 필요하지만 후자는 물 흐르듯이 자연스럽게 행동으로 나타냅니다. 전자가 분노의 감정이나 폭력적인 성향을 억눌러야 하는 반면에 후자는 노력하지 않아도 분노의 감정을 평화적인 방법으로 처리할 줄 압니다. 그런 의미에서 전자는 외로운 투사와도 같습니다.

한 부모 밑에서 성장한 경우

한 부모 밑에서 자란 아이들은 문제가 좀 더 심각합니다. 이들에게는 모방할 대상도, 첫사랑의 대상도 없습니다. 성장 환경부터 좋지 않습니다. 아버지 없이 자란 남성의 경우 모방 대상이 없기 때문에 성장해서도 남자다운 기질과 추진력이 부족하고 진취성이 결여되기 쉽습니다. 대신 어머니와 좀 더 긴밀한 관계를 맺게 되므로 여성적인 기질이 강화됩니다.

아버지 없이 자란 여성의 경우에도 첫사랑의 경험이 없기 때문에 사랑하는 방법을 잘 모르며, 남성을 기피하는 경향을 보입니다. 그렇지만 내심으로는 항상 사랑에 목말라 있어서 아버지 같은 사람에게 마음을 주기 쉽습니다. 그래서 유부남과 사랑을 나누거나 나이 차이가 많이 나는 남성과 결혼하는 경향이 있습니다.

어머니 없이 자란 남성의 경우에는 여성 불안증과 여성 기피증을 보이는 경향이 있습니다. 이런 남성은 유부녀나 연상의 여인과 쉽게 사랑에 빠져듭니다.

어머니 없이 자란 여성의 경우는 대부분 희생적이고 순교자적인 경향을 보입니다. 자기희생적인 성격이 매우 강해서 다른 사람을 위해 기꺼이 자신을 내던지기도 합니다. 첫사랑의 대상인 아버지에게 어머니가 없다는 것은 딸에게 무거운 책임감을 느끼게 합니다. 자신이 아버지를 위해 희생해야 한다는 생각을 가지고 성장하게 됩니다.

내 안의 어린아이 버리기

태어나자마자 어머니를 잃은 한 남자가 있었습니다. 그는 어머니 없이 홀아버지 밑에서 자랐습니다. 출중한 외모의 청년으로 성장한 그는 주님의 종이 되겠다는 뜻을 품고 신학교에 입학했습니다. 동료 여학생들이 많이 따랐지만 그는 같은 또래의 여성들에게는 관심을 보이지 않았습니다. 대신 자기보다 예닐곱 살 더 먹은 여성들에게 관심을 보였습니다. 결국 그는 일곱 살 연상의 한 전도사와 사랑에 빠져 결혼했습니다. 심리학적으로 보면 이 남성은 어머니와 결혼한 것과 같습니다.

그는 결혼하자마자 어린아이처럼 연상의 부인에게 매달리기 시작했습니다. 부인이 남편의 태도가 이상하다는 것을 눈치채는 데에는 별로 많은 시간이 소요되지 않았습니다. 부인은 자기가 한 남성과 결혼한 것이 아니라 어린아이와 결혼했다는 사실을 인정할 수밖에 없었고 큰 갈등에 휩싸였습니다. 남편과 도무지 대화가 통하지 않았기 때문입니다. 부인은 어느새 남편을 애 다루듯이 함부로 대하기 시작했습니다. 남편의 친구들이 방문할 때에도 남편을 제쳐 두고 이야기를 독점하다가 남편이 끼어들면 험상궂은 표정으로 남편을 나무라곤 했습니다. 결국 오래지 않아 그 연상의 부인은 아이 노릇만 하는 남편을 버려두고 다른 남자와 사랑에 빠져 가정을 버렸습니다.

연상의 부인과 이혼한 그도 얼마 후 다시 재혼했지만 그의 결혼 생활은 여전히 원만하지 못했습니다. 아직도 그의 마음속에 엄마를 찾아 헤매고 있는 어린아이가 들어앉아 있었기 때문에 연하의 부인에게 애정을 느끼지 못했습니다. 그에게 어머니라는 모델이 없었기 때문에 자신의 부인에게 어떻게 대해 주어야 할지 몰랐던 것입니다.

프로이드와 방어기제

인간은 고통스런 환경에 처할 때 벗어나려는 심리 구조를 가지고 있습니다. 이 심리 구조를 프로이드는 방어기제(Defense Mechanism)라고 불렀습니다.

1) 부정(Denial)

갑작스럽게 고통스런 현실에 처하게 된 사람은 자신이 처한 현실을 인정하지 않음으로써 불안에 대항합니다. 즉, 불안을 일으키게 하는 현실의 어떤 국면을 실제의 것으로 수용하지 않는 것입니다. 사랑하는 사람의 죽음을 부인하는 일이나 전쟁 또는 수용하기에 고통스러운 재난에 대해 눈을 감아 버리는 것도 방어기제의 일종입니다.

6·25전쟁 때 수많은 젊은이들이 전장에서 죽어 갔습니다. 그때 전사 통지서를 받아 든 전사자의 가족들은 대부분 그 사실을 인정하려 들지 않았습니다. 나의 장형도 6·25전쟁 때 전사했는데, 아버지는 사흘 동안이나 식음을 전폐하고 눈물만 흘렸습니다. 우리 가족들은 아무도 형이 죽었다는 사실을 받아들일 수 없었습니다. 형이 죽지 않고 북한군에 잡혀갔으리라고 생각했습니다. 며칠 있으면 환하게 웃으며 집 안으로 걸어 들어올 것만 같았습니다. 그러나 시간이 흐르면서 우리 가족들은 형의 죽음을 인정하게 되었습니다. 이때 병적인 사람들은 현실을 영원히 받아들이지 못합니다.

2) 투사(Projection)

투사란 자신이 수용할 수 없는 특성들을 타인에게 돌리는 현상을 말합니다. 인간은 자신이 싫어하고 수용할 수 없는 것들을 다른 사람에게서 봅니다. 그래서 타인의 죄를 비난하고 자신도 그런 악한 충동을 가지고 있다는 사실을 부인합니다. 악하다고 생각되는 자신의 충동을 인식하는 데 따르는 고통을 피하기 위해 현실로부터 자신을 분리시키는 것입니다.

자신의 약점을 보지 않고 다른 사람에게 전가시키며 자신과 닮은 사람을 싫어하고 미워하는 단계입니다. 예를 들면 돈밖에 모르는 사람은 돈에 인색한 사람을 맹렬히 비난합니다. 자기의 수치스러운 모습을 그에게서 보기 때문입니다. 그러므로 혹 눈엣가시 같은 사람을 만난다면 그의 행동 속에 투영된 자신의 모습을 볼 수 있어야 합니다. 오히려 그를 사랑하려고 애쓰기 바랍니다.

3) 고착화(Fixations)

발달의 다음 단계를 밟는 일에 불안을 느끼고 한 가지 발달단계에만 집착하게 되는 것을 말합니다. 과도하게 의존적인 어린아이는 고착 상태로 방어하게 됩니다. 즉, 불안감이 자립성 학습을 방해하는 것입니다.

인간에게는 성장하면서 그때그때 섭취해야 할 기본적인 사랑의 양식이 필요합니다. 출생해서 1년까지는 어머니의 사랑을, 그다음에는 양쪽 부모의 사랑을 섭취해야 정상적으로 성장할 수 있습니다. 특히 네 살부터 다섯 살 사이에 부모로부터 사랑을 받지 못했다거나 특별한 상처를 입었을 경우에는 정신적으로 더 이상 성장하지 못하고 그 나이에 머물러 있게 됩니다. 이것을 일러 마음속 성인아이라고 합니다. 생물학적인 나이가 30, 40세가 되어도 마음속에 고착된 아이가 자라지 않고 있다가 어떤 환경—이전에 상처받은 환경과 유사한—에 노출되면 밖으로 튀어나옵니다. 일곱 살에 큰 상처를 경험한 사람은 일곱 살의 아이로, 네 살에 상처를 경험한 사람은 네 살의 나이에서 성장을 멈춰 버리는 것입니다.

초·중·고등학교 때에는 친구들과 충분한 사랑을 주고받아야 합니다. 이때 친구들과 좋은 관계를 맺지 못하면 다음 단계로 성장하지 못합니다. 이것을 '사춘기고착'이라고 합니다. 사춘기고착을 가진 사람은 성인이 되어서도 문제 상황이 발생할 때 청소년처럼 과격하고 반항적으로 행동합니다.

4) 퇴행(Regression)

자신에게 요구가 그다지 많지 않았던 초기 발달단계로 후퇴하는 것을 말합니다. 예를 들면 공포감을 느낄 때 어린아이처럼 운다든가, 손가락을 빤다든가, 숨는다든가 하는 유아 행동을 보이는 것입니다. 동생을 본 어린아이가 현재의 단계보다 미숙하게 행동하는 것도 퇴행 증상입니다. 부모의 사랑을 독차지한 줄 알았는데 동생이 태어나면서 부모의 관심이 온통 동생에게 쏠리는 것을 보고 부모의 사랑을 되찾기 위해 바지에다 오줌을 싼다든지 하는 유아적 행동을 하는 것입니다.

어느 곳에서 차량 충돌 사고가 일어났습니다. 초보자인 듯한 젊은 여성이 운전 미숙으로 앞차를 들이받은 것입니다. 그때 사고를 낸 여성이 갑자기 어린아이처럼 엉엉 울기 시작했습니다. 보통의 성인이라면 보험증을 내놓고 대책을 논의했겠지만, 처음 만난 사고에 너무 놀란 여인이 어린아이처럼 행동하게 된 것입니다.

5) 합리화(Rationalization)

상처받은 자아를 교묘히 변명하기 위해 좋은 구실을 만드는 것을 말합니다. 또는 실망스러운 현실에 스스로 상처를 입지 않기 위해 벌이는 자아 기만을 의미합니다. 예를 들어 승진의 기회를 놓친 사람이 온갖 구실을 대며 태연자약해 한다거나 실연당한 사람이 사실은 상대가 맘에 안 들어서 막 헤어지려던 참이었다고 말함으로써 스스로를 설득하거나 상처 입은 자아를 달래려는 행동을 하는 것입니다.

이솝의 우화에 나오는 이야기가 이를 잘 설명해 줍니다. 여우가 높은 나무에 달린 탐스러운 포도를 보고 먹고 싶어서 노력을 했지만 아무리 해도 따먹을 수가 없자 이렇게 말하며 돌아서 가는 것과 같습니다.

"저 포도는 틀림없이 시어서 먹을 수 없을 거야!"

6) 승화(Sublimation)

승화란 차원이 높고 사회에서도 수용 가능한 돌파구를 사용하여 원초적인 충동을 발산하는 것을 말합니다.

7) 대치(Displacement)

원하는 사물이나 사람을 취득하기 어려울 때, 다른 사물이나 사람에게 그 에너지를 쏟는 행위를 말합니다. 성난 소년이 부모에게 대들지 못하니까 좀 더 안전한 목표, 즉 동생이나 고양이를 걷어차는 것과 같습니다.

8) 억압(Repression)

외상(트라우마) 또는 불안을 자극하는 내용을 망각해 버리는 것입니다. 또는 수용할 수 없는 현실을 무의식 속에 밀어 넣거나 고통스러운 사실을 의식하지 않도록 하는 것입니다. 억압은 가장 중요한 프로이드

개념 중 하나로 다른 많은 자아 방어기제나 신경증적 장애의 기초가 됩니다.

영성 훈련이나 내적 치유 그룹에서 "이상하게 어렸을 적 기억이 나지 않는다."고 말하는 사람들을 쉽게 만날 수 있습니다. 아픈 기억을 지워 버리고 싶은 심리 때문입니다. 하지만 불행히도 다 잊어버린 것 같았던 기억들은 완전히 망각되지 않고 잠재의식 속에 깊이 가라앉아 있다가 세월 속에서 서서히 올라옵니다. 마치 막걸리가 익어서 위로 솟아오르는 것처럼 발효된 분노의 독가스가 서서히 자신의 인생을 어둠 속으로 몰아갑니다. 그러므로 망각된 기억, 즉 억눌려 있는 기억을 의식의 표면 위로 끌어올려 날려 버리는 작업이 필요합니다.

9) 반동형성(Reaction-Formation)

무의식적 염원에 정반대되게 행동하는 것으로, 더 깊은 감정의 위협을 받을 때 반대되는 행동을 하여 감정을 은폐하려는 것을 말합니다. 예를 들면 아이를 내쫓고 싶은 감정을 가진 어머니가 죄책감 때문에 과잉보호하며 지나친 사랑을 베푸는 것과 같습니다. 누군가가 자신에게 지나치게 친절하고 상냥하다면 그가 자신에 대해 억압된 증오심과 부정적인 감정을 숨기고 있는지 살펴보십시오.

유난히 사랑을 부르짖는 사람에게서 오히려 사랑이 결핍된 경우를 볼 수 있습니다. 상처가 많은 사람 중에 다른 사람의 아픔을 상담해 주는 상담가가 많고 독재 타도를 외치는 사람 중에 독재적인 성향의 사람이 많으며 지나치게 눈물이 많은 사람이 독기를 품고 있는 경우가 많습니다. 여자를 아주 좋아하는 남자가 여자들에게 쌀쌀맞다거나 남자를 좋아하는 여자가 남자에게 톡톡 쏘며 차갑게 구는 것도 같은 맥락에서 볼 수 있습니다. 조직신학을 가르치는 교수가 가장 비조직적이고 역사학자들이 가장 비역사적이라는 말도 이런 현상을 반영합니다. 이것이 반동 현상입니다. 과한 것, 즉 지나친 행동은 반동 현상일 가능성이 높습니다. 그래서 밖으로 드러나는 외양만 보고 사람을 판단하면 실수하기가 쉽습니다.

10장

아들러에게서 배우는 치유의 지혜

아들러는 사람들이 왜 탈선하는가, 왜 도둑질을 하는가에 관심을 가졌습니다.
그래서 다른 사람을 괴롭히는 사람들은 한결같이 삶의 목적이 잘못되어 있다는 사실을 발견했습니다.
목적이 건강한 사람에게서는 건강한 행동이 나오고,
병든 목적을 가진 사람에게서는 병적인 행동이 나온다는 것입니다.

목적 지향성

아들러(Adler)는 자신의 경험을 토대로 심리학적 체계를 세운 천재적인 인물입니다. 그는 부유한 집안의 둘째 아들로 태어났으나 어린 시절 구루병을 앓아 곱사등이가 되는 아픔을 겪었고, 초등학교 시절에는 병으로 네 살배기 동생을 잃기도 했습니다. 동생의 죽음은 그가 태어나서 처음으로 겪은 처참한 경험이었습니다. 그 때문에 아들러는 심한 열등감과 동생을 잃은 깊은 슬픔 속에서 성장기를 보내야 했습니다. 이러한 성장 배경이 아들러의 심리치료 이론에 중요한 바탕을 이루고 있고, 그가 주장하는 심리치료의 핵심도 여기에 맞춰져 있습니다.

아들러는 모든 인간이 어떤 목적을 지향하는데, 어떤 사람은 자신을 건강하게 만드는 목적을 지향하고, 어떤 사람은 자신을 병들게 하는 목적을 지향한다고 말합니다. 예를 들어서 수단 방법을 가리지 않고 돈을 벌어야겠다고 결심한 사람은 자신을 환자로 만들어 가는 목적을 지향하는 것이며, 반면에 다른 사람과 더불어 살아가겠다고 결심한 사람은 자신을 건강하게 만드는 목적을 지향하고 있다는 것입니다.

아들러는 사람들이 왜 탈선하는가, 왜 도둑질을 하는가에 관심을 가졌습니다. 그래서 다른 사람을 괴롭히는 사람들은 한결같이 삶의 목적이 잘못되어 있다는 사실을 발견했습니다. 목적이 건강한 사람에게서는 건강한 행동이 나오고, 병든 목적을 가진 사람에게서는 병적인 행동이 나온다는 것입니다.

중·고등학교 학생들이 어째서 하라는 공부는 하지 않고 탈선하게 되는 것일까요? 그 아이들에게 목적이 없거나 있더라도 잘못되었기 때문입니다. 그런데도 우리는 흔히 탈선하는 아이들을 붙들고, "그러면 안 된다.", "나쁘다.", "그것은 죄다.", "앞날이 뻔하다." 등등의 상투적인 충고들만을 나열합니다. 이것은 올바른 방법이 아닙니다.

섣부른 충고를 하기 전에 먼저 무엇이 그 청소년으로 하여금 바른 길에서 벗어나게 만들었는지를 살펴보십시오. 그 청소년의 목적이 무엇인지를 먼저 살펴보아야 하는 것입니다.

내가 아는 한 목사님은 초등학교 6학년 때부터 목사가 되기로 마음먹었다고 합니다. 평소 존경하던 목사님이 심방을 오셔서 머리에 손을 얹고 "우리 ㅇㅇ를 하나님의 종이 되게 하여 주옵소서."라고 기도해 주었을 때 목사가 될 것을 결심했다는 것입니다. 그래서 중학교에 다닐 때도 그분의 별명은 '목사'였습니다. 목사가 되겠다는 목적을 갖고 있었기 때문에 평소에 목사처럼 행동했던 까닭입니다.

예수를 믿는 사람들의 목적은 '예수 그리스도'이어야 합니다. 그런데도 돈 많이 벌어서 십일조 많이 내게 해 달라고 기도하는 사람들이 많이 있습니다. 이렇게 기도하는 사람들의 목적은 대개 십일조를 많이 내는 데 있는 것이 아니라 부자가 되는 데 있습니다. 이런 사람은 믿는다고 하면서도 목적은 예수 그리스도에 두고 있지 않습니다. 감히 하나님을 향하여 거짓말을 늘어놓는 사람입니다.

목적 전환

모든 인간에게는 다른 사람들로부터 칭찬과 존경을 받고자 하는 욕구가 있지만, 욕구가 지나쳐서 아예 이것을 목적으로 하는 사람들도 있습니다. 이런 사람들은 모든 사람들로부터 좋은 평판을 듣기 위해 좋은 일을 많이 합니다. 하지만 이것은 병적인 목적 입니다. 이 목적이 강한 사람은 한 사람한테서만 싫다는 소리를 들어도 금방 자신감을 잃어버리고 맙니다. 아무리 많은 사람들이 자기를 칭찬해 줘도 한 사람의 비난에만 집착하여 상처를 입습니다.

그러므로 건강한 삶을 살아가기 위해서는 목적을 바꾸어야 합니다.

모든 사람들로부터 존경과 칭찬을 받으려 하는 지나친 욕심을 버려야 합니다. 모든 인간은 죄인이고 실수할 수 있으며 한계가 있는 존재라는 전제를 받아들여야 합니다. 나를 좋아하는 사람도 있지만 나를 싫어하는 사람도 있다는 사실을 인정해야 합니다. 이것이 건강의 비결입니다.

모든 교인들로부터 존경과 사랑을 받으려고 하는 목사가 있다면 그야말로 큰일입니다. 생각해 보십시오. 하나님의 아들이신 예수님도 열두 명밖에 안 된 제자들 중 한 사람에게 배신을 당했습니다. 하물며 우리가 무엇이관데 모든 교인들로부터 사랑을 받겠다는 것입니까!

학생들을 두려워하는 한 교수가 있었습니다. 어찌나 학생들을 두려워했던지 찬바람만 불면 다리가 심하게 부어오르곤 했습니다. 학생들이 자신을 싫어한다는 생각에 강의실에 들어가기 싫은 마음의 병이 그의 다리를 못쓰게 만들어 버린 것입니다. 하지만 그는 학생들에게 인기 있는 교수였습니다. 단지 한두 명의 학생들이 수업 시간에 그의 논리에 반론을 펴곤 했을 뿐입니다. 그가 학생들을 두려워한 것은 순전히 잘못된 그의 목적, 즉 모든 학생들로부터 존경을 얻으려는 목적 때문이었습니다. 어느 날 굳은 표정으로 앉아 있는 그에게 동료 교수가 물었습니다.

"왜 그렇게 어두운 표정으로 앉아 계십니까?"

"강의실에 들어가는 것이 무서워서 그렇습니다."

"아니, 왜요?"

"학생들이 나를 싫어해서요."

"교수님은 한두 명의 학생들 외에 나머지 학생들은 생각하지 않으시는군요. 그들 모두가 교수님을 존경하고 사랑합니다. 인간은 어떤 경우에도 모든 사람들로부터 100퍼센트 지지를 받을 수 없습니다. 심지어 예수님도 열두 제자 중 한 명에게서 배척을 받지 않았습니까!"

동료 교수의 말에 그 교수는 자신이 불가능한 목적을 지향하고 있었다는 사실을 깨닫고 마음을 바꾸었습니다. 그날부터 그 교수는 생기 있게 행동했고 학생들을 대하는 태도에도 자신감이 넘쳤습니다. 부정적이던 목적이 건강하게 바뀌었기 때문입니다. 심하게 부어올랐던 교수의 다리도 학기를 마치기 전에 완쾌되었습니다.

아들러는 목적적 사고(思考)가 인간의 심리에 미치는 영향을 중요하게 생각했습니다. 그는 인간이 항상 합리적인 목적을 지향할 때 건강하게 살 수 있다고 말합니다. 청소년들에게 윤리적인 가면을 쓰고 뭘 잘해야 한다는 식의 충고를 할 게 아니라 그들이 품은 목적을 올바르게 바꾸도록 지도해 줘야 한다는 것입니다.

'목적이 무엇인가?', '앞으로 무엇을 하고 싶은가?', '무엇으로 인생을 개척하려고 하는가?'를 물어서 그들이 올바른 목적에 대해 생각하도록 이끌어 주어야 합니다. 한번 올바른 목적을 갖게 되면 주위에서 별다른 간섭을 하지 않아도 그들 스스로가 그 목적을 향해 움직여 나가게 됩니다.

아들러의 목적을 기독교식으로 표현하면 '소망'입니다. 분명한 목표가 있으면, 그에 부합하는 행동 양상을 나타내는 것이 인간입니다.

아들러의 첫 경험

아들러는 동생의 죽음으로 깊은 충격에 빠졌고 오랫동안 그 충격에서 벗어나지 못했습니다. 그것을 통해 그는 수많은 사람들이 어린 시절에 받은 충격으로 고통을 받고 있다는 사실을 발견했습니다. 그는 또한 인간의 성격이 맨 처음 형성되는 시기에 어떤 경험을 하느냐에 따라서 결정된다는 사실도 발견하였습니다. 어린 시절의 첫 경험이 무엇이냐에 따라 우리의 성격이 좌우된다는 것입니다.

물론 기억하지 못하는 첫 경험들도 있습니다. 아들러가 말하는 첫 경험이란 우리가 기억할 수 있는 최초의 경험을 말합니다. 아들러가 만난 40대의 한 남자는 피만 보면 발작적인 공포와 불안에 떨었다고 합니다. 그는 결혼해서 자식까지 둔 아버지이자 잘 살아가는 소시민이었습니다. 피를 보면 지나치게 공포감을 느낀다는 것 말고는 아주 평범한 보통 사람이었습니다. 누구도 그가 피를 볼 때 그토록 공포에 떠는 이유를 찾지 못했습니다.

아들러는 그 공포의 원인이 어린 시절 그가 경험한 사건에서 기인한다는 것을 발견했습니다. 그 남자는 다섯 살 때 아버지를 따라 외갓집에 놀러갔다가 끔찍한 장면을 목격했습니다. 귀한 손님을 대접한다며 그의 외할머니가 닭의 목을 치다가 놓치고 말았는데, 잘린 목에서 분수처럼 피를 뿜어 대며 닭이 도망을 쳤던 것입니다. 그 장면을 보면서 그는 기절하고 말았습니다. 그 후로 그는 피만 보면 견딜 수 없는 반응을 보이게 되었습니다.

나로 말하면 유난히 봄을 싫어합니다. 봄에는 나도 모르게 너무나 외로워지기 때문입니다. 이 외로움의 원인 또한 내 어린 시절 첫 경험에서 비롯되었습니다. 봄이 되어 농사철이 시작되면 식구들 모두 들에 일하러 나갔습니다. 그때마다 외딴집에 홀로 남겨진 나는 두려움에 떨면서 한없이 울곤 했습니다. 그때의 경험이 지금까지 지독한 봄앓이를 하게 만들고 있는 것입니다. 당신은 어떤 첫 경험을 가지고 계십니까?

출생 순서와 생활양식

몇 번째로 태어났느냐에 따라서 삶의 스타일도 달라집니다. 아들러는 이것을 생활양식이라고 불렀습니다. 사람마다 독특한 생활양식을 갖고 있는데, 악착같이 살아가는 사람이 있는가 하면 유연하게 살아가는 사람도 있고, 다른 사람을 다독여 가며 사는 사람이 있는가 하면 다른 사람을 발길로 걷어차며 사는 사람도 있습니다. 사람마다 살아가는 스타일과 성격이 다른 것입니다. 이런 생활 스타일과 성격이 출생 순서에 따라서 결정된다는 것이 아들러의 주장입니다.

1) 첫째 아이

태어나 보니 어머니와 아버지가 그를 반가이 맞아 줍니다. 그는 부모의 사랑을 독차지하면서 왕자나 공주처럼 지내며 부모로부터 전폭적인 지지를 받고 행복을 누립니다. 하지만 좋은 시절도 잠시, 둘째가 태어나면서 부모의 사랑을 동생에게 빼앗기는 아픔을 겪습니다. 사랑하는 부모님의 사랑을 빼앗기는 경험은 그에게 생명의 위협만큼이나 가슴 아픈 상처가 됩니다.

그에게 있어서 동생은 타도의 대상입니다. 그가 동생을 죽이지 않는 이유는 오로지 부모의 사랑을 얻기 위해서입니다. 그가 부모의 사랑을 받을 수 있는 길은 오직 동생을 위해 주는 것뿐입니다. 따라서 그가 동생을 돌보고 위하는 것은 동생을 사랑하기 때문이 아니라 부모의 사랑을 획득하기 위한 수단일 뿐입니다. 그는 경험상 동생을 잘못 다루었다가는 단단히 야단을 맞는다는 사실을 잘 알고 있습니다. 그것은 곧 부모의 상실을 의미합니다. 동생에게 잘못하면 부모를 잃게 될지도 모른다는 두려움이 그를 이성적으로 만드는 것입니다. 그런 가운데 동생과도 차츰 정이 들어 갑니다.

첫째 아이는 대부분 둘째가 태어나면서 마음에 상처를 받습니다. 이때 부모의 역할이 중요한데, 어머니가 동생을 괴롭히는 첫째를 심하게 나무라며 둘째만을 품어 준다면 첫째는 어딜 가서도 제구실을 하지 못하며 인생을 방황하게 됩니다. 그러므로 부모는 두 아이를 공평하고 균형 있게 잘 다룰 수 있어야 합니다.

2) 둘째 아이

태어나 보니 부모 앞에 형이라는 장애물이 놓여 있습니다. 하지만 그 장애물을 해치울 수 있는 방법은 없습니다. 죽는 날까지 형의 뒤를 따라가야 합니다. 그는 한 번도 부모의 사랑을 독차지하지 못했습니다. 언제나 형과 나누어 가져야 합니다.

시간이 흐르고 그는 형과 일대일의 위치에 서 있을 수 있게 됩니다. 그때부터 부모의 사랑을 놓고 형과 투쟁하기 시작합니다. 그는 부모의 사랑을 획득할 수 있는 투쟁의 방법을 개발하고 선택합니다. 착한 행동으로 부모의 관심을 끄는 데 실패하면 부정적인 방법을 동원합니다. 어떤 때는 오줌을 싸고, 어떤 때는 투정을 합니다. 또 어떤 때는 반항을 하면서 끊임없이 부모의 관심을 끌려고 노력합니다.

그는 태어나면서부터 끊임없이 형과 경쟁하면서 생활양식을 만들어 나갑니다. 그의 꿈은 형을 제치고 부모를 차지하는 것입니다. 이미 부모의 사랑을 독차지해 본 경험이 있는 형과 비교하여 부모의 사랑을 독차지해 보려는 강한 욕구를 가지고 있습니다. 그래서 그는 형보다 더 많이 연구하고 더 많이 생각하여 실천에 옮깁니다. 사랑을 획득하기 위해 더욱 공격적으로 행동하고 노력합니다. 둘째의 성공 확률이 첫째보다 훨씬 높은 이유가 여기에 있습니다. 이때 공격적이고 전투적인 방법이 아닌 살살거리며 비위를 맞추는 방법으로 부모의 사랑을 차지하려는 성향을 보이는 둘째들은 성장해서도 그런 인간형이 됩니다.

3) 셋째 아이

태어나 보니 앞에 두 명의 형이 버티고 앉아 부모의 사랑을 가로막고 있습니다. 자기보다 힘센 형이 한 명도 아니고 두 명이나 가로막고 있으니 부모의 사랑을 독차지해 보려는 엄두조차 낼 수가 없습니다. 그래서 그는 두 가지 중 하나의 행동 방식을 선택합니다. 미리 무릎을 꿇는 방식과 나서서 투쟁하는 방식입니다. 어떤 방식을 취하든 그는 결국 금세 포기해 버릴 가능성이 높습니다.

4) 막내

그는 셋째가 될 수도 있고 넷째가 될 수도 있으며, 혹 아홉째, 열째가 될 수도 있습니다. 태어나 보니 앞에 이미 여러 명의 형제가 버티고 서서 그를 쳐다보고 있습니다. 도저히 그들에게 대적할 수 없다는 생각이 듭니다. 그는 의존적인 성향의 사람이 될 수도 있습니다. 형들을 대적하기보다는 의존하는 쪽을 선택하는 경우에 그렇습니다.

하지만 동서양을 막론하고 부모의 사랑이 막내에게 쏠리는 경향이 있기 때문에 그는 형들보다 훨씬 탁월한 인물이 될 수도 있습니다. 다윗 같은 경우가 그렇습니다. 요셉도 이 경우에 해당됩니다(요셉에게는 베냐민이라는 동생이 있었지만). 요셉은 아버지의 전폭적인 사랑에 힘입어 형들에게 결코 눌리지 않는 기개를 품고 성장했습니다. 그의 꿈을 분석해 보아도 그가 그의 형제들을 압도하고 있었다는 것을 알 수 있습니다.

이처럼 부모의 사랑 여하에 따라서 막내의 스타일은 달라질 수 있습니다. 막내에게 전폭적인 부모의 사랑이 쏟아진다고 해도 형들이 너무 탁월하면 살아남기 위해 형제들에게 의존해 버리는 경향을 보이기 쉽습니다.

투쟁, 생존을 위한 생활양식

아들러에 의하면, 생활양식은 형제들과의 투쟁(어울림) 과정에서 형성됩니다. 형제들은 부모의 사랑을 더 많이 차지하기 위해 치열한 투쟁을 벌이게 되는데, 이를 통해서 각각 생활양식의 내용을 결정하게 됩니다.

나는 사 남매 중 둘째로 태어났는데, 형과 유난히 싸움을 많이 했습니다. 싸울 때 어머니는 형보다 내 편을 좀 더 들어 주었습니다. 내게는 천만다행한 일이었습니다.

옛날 시골에서는 11월이 최고의 상달이었습니다. 그래서 대부분의 잔치가 11월에 많았습니다. 시집가고 장가가느라 사방에서 난리였습니다. 혼인집에 쌀이나 돈을 부조하면 대신에 잔치 음식을 조금씩 싸 주는 풍습이 있어서 어머니는 가끔씩 그런 음식을 우리에게 갖다 주곤 했습니다. 늘 바빴던 어머니는 음식 바구니만 방 안에 들여놓고 일하러 나가는 경우가 대부분이었습니다. 자식들에게 한 입이라도 더 먹이려는 속정 때문이었는지도 모르겠습니다.

어쨌거나 어머니가 밖으로 나가면 형이 바구니를 꿰차고 앉아 동생들에게 가져온 음식을 나눠 주곤 했는데, 그 배분 방식이 아주 희한했습니다. 자기 몫으로 절반 정도를 먼저 떼어 낸 다음 나머지를 우리들에게 나눠 주는 것이었습니다. 그런데도 다른 동생들은 아무 말도 못 했지만 나만은 형에게 대들었습니다.

"형, 왜 너만 많이 가지냐?"

"나는 형이니까 많이 가지지."

"형이면 입이 두 개냐? 이리 내놔."

내가 그런다고 형이 차지한 음식을 도로 내놓는 경우는 없습니다. 내놓으니 마니 몇 번의 실랑이 끝에 힘이 부치면 나는 밖에 나가 무기가 될 만한 것을 집어 들고 돌아와서 형을 위협했습니다.

"내놔, 안 내놓으면 가만두지 않을 거야."

손에 든 무기도 무기였지만 악에 받친 내 표정에 질려서 형은 슬그머니 음식을 도로 내놓곤 했습니다. 이런 일이 몇 번 반복되자 어느 때부턴가 형이 알아서 음식을 골고루 나눠 주기 시작했습니다. 이것이 우리 사남매의 생활양식이 되었고, 지금도 우리 형제들은 똑같이 나누는 버릇을 갖고 있습니다. 혼자 독점하려는 욕심은 아예 부리지 않습니다. 형제들의 이런 생활양식은 음식을 놓고 다투던 상황에서 비롯된 것입니다.

형제들끼리 싸우는 일은 정말 멋진 일입니다. 싸우면서 그들만의 아름다운 생활양식을 형성해 가기 때문입니다. 그런데도 형제들끼리 싸우면 큰일이나 나는 것처럼 여기는 부모들이 많습니다. 하지만 형제들끼리 싸우면서 살아가는 방법을 터득해 나가는 것입니다.

출생 순서에 따른 기질 변화

아들러는 출생 순서가 인간의 기질에 미치는 영향에 주목했습니다.

1) 첫째의 기질

부모가 그에게 거는 기대는 동생들을 잘 돌보는 일입니다. 즉, 동생을 잘 돌보아야 한다는 사명이 그에게 주어진 것입니다. 그래서 그는 언제나 동생들을 마음에 품고 돌보고 간섭하려 합니다. 그는 이런 행위를 통해 지도력을 키워 갑니다. 정치가들 중 삼분의 일이 첫째인 것도 이런 이유 때문이라고 말하는 학자들도 있습니다.

반면에 그는 다른 사람을 간섭하려는 좋지 않은 버릇을 갖게 됩니다. 어디서든 사람들에게, "그렇게 해서는 안 돼!"라고 말하기 좋아합니다. 이런 사람이 결혼을 하면 배우자에게 항상 "당신, 왜 그러는 거야? 그래서는 안 돼!"라고 말하며 모든 일에 간섭하려 듭니다.

어느 부부 교수의 이야기입니다. 부인은 6남 1녀 중 첫째였고 남편은 둘째였습니다. 간섭하기 좋아하는 기질과 지기 싫어하는 기질이 만난 것입니다. 두 사람은 예순이 넘은 지금도 머리가 터져라 하고 싸워 댑니다. 부인은 끊임없이 남편의 행동을 간섭하고, 남편은 이 점을 몹시 못마땅해하는 까닭입니다. 같이 길을 걷다가 침 뱉는 버릇이 있는 남편이 무의식중에 침을 뱉으면 부인이 남편의 엉덩이를 탁 치면서, "어디다 침을 뱉는 거예요?" 하고 나무랍니다. 그러면 깜짝 놀란 남편의 얼굴이 붉으락푸르락해집니다.

"내가 당신 자식이야? 왜 엉덩이를 치는 거야!"

매양 이런 식입니다. 남편의 불만은 부인이 자기를 애 취급한다는 것이지만 부인은 이 버릇을 고치지 못합니다. 6남매의 맏이로 자라면서 동생들을 다스리던 버릇이 무의식중에 튀어나오기 때문입니다.

우리 부부의 경우도 마찬가지로 아내는 6남매 중 장녀이고 나는 4남매 중 차남이기 때문에 이분들과 비슷합니다. 형과 무섭게 싸워 가며 독립심을 키워 온 나와 자라면서 동생들에게 늘 심부름을 시켜 오던 아내의 만남이니 평탄할 리 없습니다. 나는 누가 간섭하는 걸 죽기보다 싫어하고, 아내는 스스로 무슨 일을 하기보다는 다른 사람을 시키는 쪽입니다. 그러니 생활 속에서 충돌이 일어나지 않으면 이상할 정도입니다.

2) 둘째의 기질

부모의 사랑을 쟁취하기 위해 항상 형과 투쟁해야 하는 그는 악착같은 기질을 갖고 있습니다. 세계적으로 혁명을 일으킨 사람 대부분이 둘째라는 점도 이를 입증합니다. 그는 간섭받는 것을 극단적으로 싫어합니다. 형제들 중에서 한 형제가 지나치게 뛰어나면 다른 형제들이 피해를 입기 쉽습니다. 그러므로 유별나게 뛰어난 아이를 둔 부모는 그 아이에게만 지나치게 관심을 두지 않도록 각별히 신경을 써야 합니다. 공평하게 사랑을 나누어 주도록 노력해야 합니다.

3) 셋째(중간)의 기질

그는 위아래로 모두 형제가 있기 때문에 위아래 형제의 심리를 모두 경험할 수 있습니다. 그래서 그는 아주 유연한 품성의 소유자가 됩니다.

4) 막내의 기질

그는 부모의 전폭적인 사랑을 받습니다. 다른 형제들이 두드러지지 않다면 다른 형제들보다 돋보일 수 있지만, 다른 형제들이 아주 탁월하다면 희미한 존재로 전락할 수 있는 위치입니다. 그렇기 때문에 자신만의 독특한 생활양식을 개발하기 힘들고 의존적이거나 무례한 품성을 소유하게 될 가능성이 높습니다.

5) 외아들/외딸의 기질

문제의 소지가 가장 농후한 경우입니다. 혼자서는 생활양식을 구축할 기회도, 사회성을 배울 기회도 얻을 수 없습니다. 부모의 사랑을 독차지할 수는 있지만 형제들과의 투쟁을 통해 얻을 수 있는 모든 것들을 소유하지 못합니다. 그 대가는 엄청난 상처가 되어 돌아옵니다. 다른 사람들이 가족들 사이에서 배운 생활양식이나 사회성을 발휘하여 세상에 적응해 나가고 있을 때, 뒤늦게 그것을 배워야 하기 때문입니다.

혼자 성장한 그에게는 다른 사람이 자신을 상대해 주어야 한다는 의식이 깊숙이 박혀 있습니다. 모든 사람이 그를 위해 존재한다는 도착된 사고가 그를 지배하기 때문에 세상에 적응하기가 어렵습니다. 장성한 그와 놀아 줄 사람은 아무도 없습니다.

외아들이나 외딸의 경우 인근에 사는 비슷한 또래의 아이들과 어울려 생활하게 하는 것이 좋습니다. 서로 어울리면서 치고받고 싸우기도 하고 정답게 놀기도 하면서 사회성도 발달하고 생활양식을 배워 나갈 수도 있습니다. 이때 아이가 맞고 들어온다고 해서 벌벌 떨거나 역성을 들어 줄 필요는 없습니다. 그런 행동이야말로 아이를 망치는 지름길이 됩니다.

열등감이 우리를 성장시킨다

아들러는 우리에게 열등감이 우리를 성장시키는 중요한 요인이라는 사실을 상기시켜 줍니다. 그에게 곱사등이라는 열등감이 없었더라면 아들러라는 대학자도 탄생하지 않았을 것입니다. 그는 초등학교 4학년 때까지 지나친 열등감 때문에 친구들로부터 바보 취급을 받았습니다. 소위 왕따를 당했던 것입니다. 그의 상태가 얼마나 심각했던지 하루는 선생님이 그의 아버지를 불러서 다음과 같은 충고를 해 주었습니다.

"아들러를 더 이상 학교에 보내지 말고 될 수 있는 대로 빨리 구두 닦는 기술을 가르쳐 주는 게 어떨까요? 그 편이 아들러에게 나을 것 같은데요."

"저도 선생님의 생각에 동의합니다. 하지만 구두 수선을 시키더라도 초등학교 졸업은 시켜야 하지 않겠습니까?"

아버지의 고집으로 아들러는 초등학교를 다닐 수 있게 되었습니다. 그가 4학년 때 선생님이 칠판에 산수 문제를 쓰고선 풀 수 있는 사람은 손 들어 보라고 했습니다. 많은 아이들이 손을 들었는데 그중에 아들러도 끼어 있었습니다. 선생님은 믿기지 않는다는 표정으로 맨 뒤에서 엉거주춤 손을 들고 있는 아들러를 바라다보았습니다.

입학해서 4년 동안 늘 말이 없고 꼴찌만 하던 아들러가 처음으로 앞에 나가서 산수 문제를 풀어 보겠다고 나선 것입니다. 아이들은 그런 아들러를 보고 크게 웃었지만 선생님은 그에게 기회를 주어 보기로 했습니다. 그는 멋지게 문제를 풀고 제자리로 돌아갔습니다. 그리고 그날부터 천재성을 발휘하기 시작했습니다.

우리도 우리가 가진 열등감을 디디고 일어서야 합니다. 우리가 가진 열등감을 기회로 삼아 성장해야 합니다. 아들러처럼 말입니다.

11장

완전한 치유자이신 예수님

> 예수님은 사랑과 소망과 믿음과 죄의 용서라는 약으로 세상 사람들을 치유해 주셨습니다.
> 그분을 보는 자마다 병이 치유되었습니다. 가난한 자들과 소외된 자들에게는 소망의 위로를,
> 갇히고 눌린 자들에게는 자유케 하는 복음을 선포하셨습니다. 가는 곳마다 이적과 기사가 일어났습니다.

저력 있는 가정교육의 원천

이스라엘은 세계에서 노벨상 수상자를 가장 많이 배출한 나라입니다. 전 세계에 흩어져 있는 유대인들을 모두 합한다고 해도 2천만밖에 안 되는 소수민족이 60억 인구가 보유하고 있는 노벨상의 3분의 1을 차지하고 있는 것입니다. 이러한 사실은 이 민족의 정신과 영(靈)이 그만큼 건강하다는 것을 의미한다고 볼 수 있습니다. 정신과 영이 건강한 사람에게서는 엄청난 양의 생명 에너지가 쏟아져 나옵니다.

왜 유독 이스라엘 사람들의 정신과 영이 건강한 것일까요? 무엇 때문

에? 어떻게 해서? 민족 전체가 그런 건강을 유지하고 있는 것일까요? 대다수의 학자들은 그 이유가 이스라엘의 건강한 가정생활과 가정교육에 있다고들 말합니다.

이스라엘의 가정교육은 한마디로 건강한 사람을 만드는 교육입니다.

이스라엘식 가정교육법은 매스컴을 통해 우리나라에도 수없이 소개되었습니다. 지금도 이와 관련된 서적들이 베스트셀러가 되고 있습니다. 왜 이처럼 이스라엘식 가정교육법이 세계인의 주목을 받고 있는 것일까요?

구약시대의 대표적인 치유자로 등장하는 사람들은 예언자와 제사장들입니다. 구약의 치유자, 즉 상담자들인 예언자와 제사장들은 어떤 식으로 이스라엘 민족을 치유했을까요? 그들이 어떤 유산을 물려주었기에 그 후손들이 2천 년 이상 디아스포라로 전 세계를 떠돌면서도 약속의 땅 가나안에 다시 돌아가 나라를 건설하고 세계인들에게 막강한 영향력을 끼치고 있는 것일까요?

구약의 예언자들은 사랑의 채찍으로 백성들을 치유했습니다. 백성들이 잘못된 길로 향하면 반드시 예언자가 나타나서 그 백성을 돌이키도록 채찍질을 했습니다. 예언자들은 자기 백성들을 향해 서슴없이 독설을 퍼부으면서 그들이 저지른 죄악을 상기시켰습니다.

독설을 뿜어내던 예언자들은 오래 살지 못했습니다. 대부분 살해당하거나 처형되었습니다. 용케 죽음을 면한 사람도 험난한 인생을 살았습니다. 그런 형편이었는데도 이스라엘 민족이 잘못된 길로 들어설 때마다 반드시 죽음을 두려워하지 않는 예언자들이 나타나 하나님 앞으로 돌아오도록 백성들에게 채찍을 들었습니다.

이에 비해 제사장은 구제하며 용기를 주는 말로써 백성들을 위로했습니다. 고아와 과부, 가난한 자들과 근심에 싸인 사람들을 찾아가 위로하고 도와주면서 백성들을 치유했습니다. 함께 울고 함께 고민하고 함께 기뻐하면서 백성들과 고락을 같이했습니다.

이스라엘 민족이 하나님 앞에 바로 서 있을 때에는 제사장들이 치유자의 역할을 감당하다가 비상시가 되면 예언자들이 나타나 백성들에게 사정없이 매질을 가했습니다. 매질도 치유의 한 형태였던 것입니다. 구약에서는 이렇게 제사장과 예언자의 역할이 서로 균형을 이루고 있었습니다.

예언자 역할과 제사장 역할

구약시대 이스라엘의 상황을 우리의 가정에도 그대로 적용시킬 수 있습니다. 아버지가 예언자의 역할을, 어머니가 제사장의 역할을 균형 있게 잘 감당한다면 자녀들에게 건강한 유산을 물려줄 수 있습니다. 아이들이 잘못했을 때, 아버지는 깊은 애정을 가지고 "안 돼!"라고 말하며 매를 들 줄 알아야 하고, 어머니는 아버지에게 매 맞고 울며 달려오는 아이를 껴안고 아버지의 매가 또 다른 형태의 사랑임을 가르쳐 줄 수 있어야 합니다. 이런 식으로 엄한 아버지와 자애로운 어머니의 균형 잡힌 사랑을 받고 자란 아이는 영과 육이 모두 건강합니다.

정신병원에 입원해 있는 환자들을 조사해 보면 포악한 아버지 밑에서 자란 경우가 많습니다. 만일 그들의 어머니가 어렸을 때 그들을 깊이 위로하고 달래 주었더라면 그들도 비교적 건강하게 자랐을 것입니다. 한술 더 떠서 자신의 책임은 등한히 하면서 모든 책임을 남편에게 떠넘기는 어머니 밑에서 자란 아이들은 정신적으로 치명적인 상처를 입을 수 있습니다.

요즘 우리나라에서는 엄부자모의 전통적인 가정 형태에서 엄모자부의 형태로 바뀌어 가고 있습니다. 즉, 아버지가 제사장이 되고 어머니가 예언자가 되어서 아이들을 양육하는 형태가 많아지고 있다는 말입니다. 형태야 어떻든 아이에게 자신을 완전히 의탁할 수 있는 대상이 있다면 다행인데, 현실이 그렇지 못해 유감입니다.

상담 시에도 이 원칙을 적용해 볼 수 있습니다. 상대를 위로한답시고 제사장처럼 고개만 끄덕거려 주는 것은 바람직하지 않습니다. 어쩌다가 한 번은 강한 어조로 "안 돼(No)!"라고 말할 수 있어야 합니다. 이것이 구약의 제사장과 예언자들이 그 백성을 치유했던 원리입니다.

하워드 클라인 벨은 이 원리를 상담에 적용했습니다. 그는 사랑의 보살핌(caring)과 사랑의 채찍(confrontation)을 통해 인격의 성장이 이루어지며, 두 요소들의 균형이 잘 맞을 때 아이가 건강하게 성장한다고 보았습니다. 그에 의하면 지나친 보살핌, 즉 과잉보호 속에서 자란 아이는 커서 문제의 인물이 되기 쉽다고 합니다.

초등학교 때까지는 이 과잉보호의 문제가 크게 두드러지지 않다가 고등학교에 다닐 무렵부터 문제가 심각해집니다. 그때까지 과잉보호 속에서 한 인간으로 독립할 기회를 잃어버린 아이가 갑자기 성인(成人)의 문턱에 서서 훨씬 독립적인 친구들과 어깨를 나란히 해야 하기 때문입니다. 아이는 이때 독립해 보려고 안간힘을 쓰지만 때가 기다려 주지 않습니다.

한 번도 걸어 보지 않은 사람이 갑자기 달릴 수 없는 것처럼, 과잉보호라는 안락한 의자를 벗어나 갑자기 광풍과 노도가 일렁이는 세상에 적응할 수는 없습니다. 다른 아이들이 천천히 세상으로 나갈 준비를 하고 있을 동안 과잉보호라는 요람에 누워 성장을 멈추어 버린 아이가 갑자기 열린 성인 세계의 문턱에 홀로 서게 될 때, 더욱이 세상의 거센 비바람이 그를 향해 몰아쳐 올 때 혼돈 속을 헤매는 것은 당연한 일입니다. 자신이 과연 누구인지 알 수 없게 되면서 끝내는 정신분열증이나 정신이상을 일으킬 수도 있습니다. 지나친 보호가 빚어내는 비극적 결과입니다.

적절한 '예스'와 '노'

부모로부터 일방적으로 채찍질만 받고 자란 아이는 정신이상자가 될 가능성이 높습니다. 사랑받지 못한다는 외로움, 버림받을지 모른다는 두려움에 지배되어 위축되고 성장하지 못합니다. 그들은 부모가 속한 성인 세계에 대해 지나친 두려움과 적대감을 느끼고 성장하기를 거부합니다. 그래서 성인의 세계에 들어와 있다는 사실을 인지하면서도 인정하기를 거부하며 극도의 불안감을 느끼게 됩니다. 그러고는 마침내 정신이상이라는 환상의 세계로 도망쳐 버리기도 합니다. 그렇지 않은 경우에도 불행한 결과가 초래되기 쉽습니다.

양쪽 부모로부터 사랑의 보살핌과 채찍질이 균형 있게 주어질 때에만 건강하게 성장할 수 있습니다. 히브리적이고 성경적인 자녀 양육법이 오늘날 서구 사회에서 점차 주목받고 있는 것도 이 때문입니다.

부끄럽게도 한국의 부모들은 자녀들에게 '예스(Yes)'와 '노(No)'를 적절히 사용할 줄 모릅니다. 어떤 부모는 자녀들에게 지나치게 집착하고, 어떤 부모는 자식들에게 무관심합니다. 대체로 한국의 부모들은 자녀들에게 지나치게 집착하는 모습을 보입니다. 아이를 귀하게 떠받드느라 아이에게 감히 '노'라는 말을 하지 못하고 아이가 원하는 것이면 어떤 것이라도 '예스'라고 말합니다. 단지 정도의 차이만 있을 뿐 이것이 우리나라 부모들에게서 볼 수 있는 전반적인 현상입니다. 이대로 간다면 나라의 장래가 걱정스럽지 않을 수 없습니다. 이렇게 자란 아이가 나중에 어떤 어른이 될지 생각해 보십시오.

확실한 질서 교육

오늘날 미국을 비롯한 서구의 여러 나라들이 엉망이 되어 가고 있는 가장 큰 원인은 이혼의 증가입니다. 가정이 파괴된 곳에서 좋은 가정교육이 이루어질 수 없습니다. 그런데도 그들의 질서 의식은 놀라운 데가 있는데, 법과 질서에 대한 가정교육이 남다르기 때문입니다. 미국 사람들은 누구든 자유롭게 총을 소지할 수 있지만 총기 사건이 일어나는 비율은 극히 드뭅니다. 총기 사건이 크게 보도되기 때문에 자주 일어나는 것처럼 보일 뿐입니다. 만약 우리나라 사람들에게 마음대로 총이 쥐어진다면 어떤 상황이 벌어질까요? 생각만 해도 끔찍하기 짝이 없습니다. 왜 이런 차이가 생기는 것일까요? 가정에서 법과 질서를 제대로 교육하지 않기 때문입니다.

설교할 때마다 느끼는 일입니다만 왜 부모들이 아이들을 교회에서 떠들게 내버려 두는지 모르겠습니다. 견디다 못한 누군가가 떠드는 아이를 제지하려 들면 도리어 불쾌해하고 섭섭하게 생각하는 것이 우리나라 부모들의 태도입니다.

미국에 살 때 미국인 가정에 초대를 받아 간 적이 있습니다. 그 가족은 동양에서 온 귀한 손님이라며 우리 부부를 융숭히 대접해 주었습니다. 그런데 처음에는 조용히 앉아 있던 그 집의 아이가 시간이 흐르면서 장난을 치기 시작했습니다. 손님이 왔다고 신이 났던 모양입니다. 그러자 아이의 아버지가 우리에게 정중하게 사과한 뒤 아이를 데리고 방을 나갔습니다. 식사 도중이었고, 아이의 장난도 이해할 만한 것이어서 별일 있으랴 싶었는데, 잠시 후 옆방에서 아이를 사정없이 때리는 소리가 들려왔습니다.

보통 때는 마냥 자유롭게 놔두는 것 같다가도 질서를 어기는 경우에는 결코 용납하지 않는 것이 이들의 생활 습관입니다. 이런 식으로 질서

교육을 받은 아이들이 성인이 되면 거의 본능적으로 질서를 잘 지키게 됩니다. 질서를 어길 때마다 부모로부터 "노!"라는 호된 질책을 받고 자란 아이들에게는 질서를 지키는 일보다 어기는 일이 더 어렵게 느껴질 것입니다.

그래서인지 미국에서는 아이들이 어른 예배에 자연스레 참석합니다. 대략 어른 2백 명에 아이 2백 명의 비율로 예배를 드려도 아무 무리 없이 순서가 진행됩니다. 예배 중에 떠드는 아이도 일절 없습니다. 언뜻 신기해 보이겠지만 그곳에서는 아주 자연스러운 일입니다.

이유는 간단합니다. 예배 중에 아이가 떠들면 부모가 즉시 밖으로 데리고 나가 사정없이 혼을 내니까 아이들 스스로 예배당에서는 조용히 해야 한다는 것을 너무나 잘 알고 있기 때문입니다. 아이들은 세 번만 같은 일로 엄하게 혼이 나도 다시는 똑같은 잘못을 반복하지 않습니다.

아이들을 혼낼 때에도 원칙이 있습니다. 그들은 법과 질서를 어기는 아이들에게 엄한 제재를 가할 뿐만 아니라 어른들 스스로도 생활 속에서 철저하게 모범을 보여줍니다. 이런 전통이 2억 자루의 총과 빠르게 진행되는 가정 해체 속에서도 법과 질서를 유지할 수 있게 하는 것입니다.

채찍만으로도, 사랑만으로도 안 된다

우리나라의 부모들은 작은 사랑에 얽매여 "노!"라고 말하지 못하다가 자식들을 망치는 경우가 허다합니다. 어릴 때 확실하게 초달하여 올바른 습관을 형성해 주었다면 좋았을 것을 그러지 못하여 생긴 잘못된 습관 때문에 자녀의 일생을 불행하게 만드는 경우가 얼마나 많은지 모릅니다. 법망에 걸리지 않는다 해도 질서를 어기고자 하는 유혹을 피하기가 어렵습니다. 이것은 사랑이 아닙니다. 아니 사랑은 사랑이되 병적인 사랑입니다. 자식을 건강하고 올바르게 성장시키려면 사랑과 채찍의 균형 있는 보살핌이 필요합니다.

목회에서도 마찬가지 원칙이 적용됩니다. 어떤 목사님은 사랑만으로 교인들을 보살피고(제사장적 목회), 어떤 목사님은 채찍만으로 교인들을 양육(예언자적 목회)합니다. 두 가지 목회 스타일 모두 바람직하지 않습니다. 사랑만으로 교인들을 보살피는 목회는 십 년이 지나도록 교인들을 성장시키지 못하며, 채찍만으로 교인들을 양육하는 목회는 교회에 생기를 불어넣지 못합니다.

예언자적 목회자는 설교 때마다 하나님의 질서를 떠나는 사람에게 벌이 있음을 선포합니다. 그의 메시지에는 항상 죽음, 형벌, 멸망이라는 단어들이 난무합니다. 매번 이런 설교를 들어야 하는 교인들은 점점 더 활력을 잃고 하나님을 두려운 분으로만 인식하게 됩니다. 무슨 일을 만나면, '이크 벌을 받는구나!'라며 두려움을 먼저 갖게 됩니다. 한 조사에 의하면, 예언자적 설교를 듣는 사람들은 3주일이 넘도록 그 설교를 기억하면서 무슨 일을 할 때마다 '이래서는 안 되는데….'라며 긴장한다고 합니다. 이런 상태로 주일마다 두드려 맞으면 어떻게 되겠습니까? 당연히 교회는 경직되고 교인들은 위축될 수밖에 없습니다.

반면에 제사장적 목회자는 설교 때마다 교인들을 향해 위로와 용기를 주는 메시지를 선포합니다. 교인들의 마음을 아프게 하는 메시질랑은 아예 전달하지 않습니다. "하면 된다! 믿으면 된다!"가 그의 주된 설교 내용입니다. 그의 말을 듣고 있으면 세상에 안 되는 일도 없고 못할 일도 없을 것 같습니다. 교인들은 목회자를 보는 것만으로도 기쁨이 됩니다. 그런 교회에서는 항상 웃음꽃이 넘치고 기쁨이 충만합니다. 하지만 이런 상태가 언제까지나 지속되지는 않습니다. 교인들은 꿀맛 같은 설교 내용을 3일이면 벌써 까맣게 잊어버리고 금세 세상에 동화되어 버립니다. 매주일 이런 식이니 달이 가고 해가 바뀌어도 진정한 교회 성장이 이루어지기 어렵습니다.

예언자적 설교만을 듣는 교인들은 교회에 갈 때마다 '오늘은 또 어떤 매를 맞게 될까?' 하고 생각합니다. 그리고 자신도 모르는 사이에 개인주의적인 사고와 신앙을 갖고 행동하게 됩니다. 그렇게 3년 정도 지나면 교인들 간에 분쟁과 싸움이 일어납니다. 이런 교회는 결국 나뉘고 갈라지거나 교인들이 떨어져 나가는 결과를 맞이합니다.

반면 제사장적인 설교만을 듣는 교인들 사이에는 화합이 잘 이루어집니다. 헌금도 많이 하고 단합도 잘됩니다. 하지만 교인들의 영적인 수준은 항상 어린아이 수준에 머물러 있습니다. 10년, 20년이 되어도 둥지 안에서 어미가 물어다 주는 먹이만 받아먹으려 하는 어린 새들과 같습니다. 이들은 절대로 날 수가 없습니다. 그래서 어려움이 닥쳤을 때 독립적으로 생각하고 행동하지 못합니다.

땜장이 목회자의 애환

교회가 진정으로 성장하기를 바라십니까? 그렇다면 교인들에게 위로와 용기를 주는 동시에 때로 예언자적인 채찍질도 마다하지 않아야 합니다. 그럴 때 교인들은 목회자를 통해 평안을 느끼고 자극을 받으면서 성장해 갑니다. 성숙한 크리스천은 문제에 봉착했을 때 스스로 당당히 처리해 나갈 줄 압니다. 이것이 건강한 교인입니다.

그러나 모든 교인에게 이 방법이 해당되는 것은 아닙니다. 어려움을 많이 겪고 지쳐서 쓰러진 교인에게는 채찍질보다 사랑의 보살핌이 더 필요합니다. 그래야 건강해질 수 있습니다. 그런 사람에게 강한 채찍질만 가한다면 견디다 못해 죽어 버릴지도 모릅니다.

수년 전까지만 해도 나는 소위 '땜장이 목사' 노릇을 많이 했습니다. 땜장이 목사란 목회자가 공석인 교회에서 담임목회자가 올 때까지 임시로 시무하는 목사를 말합니다. 특성상 교회를 전임하기 어려운 나 같은 사람이 적격이었기 때문에 나는 꽤 여러 곳에 땜장이 목회를 하러 다녔습니다. 그중 한 곳에서 있었던 이야기입니다.

처음 그 교회에 갔을 때 교인들은 한결같이 생기가 없어 보였습니다. 한 사람도 환하게 웃는 법이 없었고 모두 무표정한 얼굴을 하고 있었습니다. 오래지 않아 나는 그곳 교인들이 모두 지쳐 있다는 것을 깨닫게 되었습니다. 전임 목회자가 7, 8년씩이나 예언자적 목회를 해 왔던 영향이 커 보였습니다. 원래는 280여 명이던 교인 수가 100명 정도로 줄어 있었습니다. 다행히 교회가 갈라지지는 않았지만 회복되기 힘들 정도로 피폐해져 있었습니다.

주일이면 교인들은 무표정하게 앉아서 설교를 듣다가 돌아가곤 했습니다. 우스운 얘기를 해도 웃지 않았고, 슬픈 얘기를 해도 눈물을 흘리지 않았습니다. 상상했던 것보다 그들의 상처가 깊어 보였습니다. 얼어버린 마음들이 쉽게 열릴 것 같지 않았습니다.

그들의 상처가 내 마음을 아프게 찔렀습니다. 그런 교인들에게 차마 채찍을 휘두를 수는 없었습니다. 채찍을 들더라도 우선 그들을 일으켜 세운 후라야 했습니다. 그래서 제사장적 설교를 계속했습니다. 절대로 자극을 주지 않았고 위로와 용기를 주는 메시지만을 선포했습니다. 6개월쯤 지나자 교인들의 얼굴이 밝아지기 시작했습니다. 설교 시간에 가끔 크게 소리 내어 웃기도 하고 눈물을 흘리기도 했습니다. 교회가 살아나고 있었던 것입니다. 그러자 흩어졌던 교인들이 하나둘씩 다시 찾아오기 시작했습니다. 몇 달 후에 그 교회를 떠나왔지만 그때의 경험은 지금도 나의 뇌리에 생생하게 남아 있습니다.

목회자는 교인들의 상황을 잘 파악해야 합니다. 특성상 상처 입은 사람들이 많이 모이는 곳에서 목회하는 목사는 예언자적 설교보다는 제사장적 설교를 전하는 것이 마땅합니다. 가뜩이나 세상에서 상처받아 심신이 지친 사람들을 교회에서까지 벼랑으로 내몬다면 어디로 가겠습니까? 정말이지 길 잃은 양같이 되고 말 것입니다. 한없는 위로와 용기의 메시지를 들고 그들에게 다가가야 합니다. 이것이 구약에서 말하는 보살핌의 원칙입니다.

구약시대의 사람들은 균형 잡힌 사랑과 징계의 채찍질을 통해 건강한 신앙의 유산을 후손들에게 물려주었지만 하나님의 징벌에 더 중점을 두었습니다. 그래서 그 시대의 사람들은 잘못을 하면 반드시 그 대가로 징벌을 받는다고 생각했습니다. 심지어는 모든 질병의 원인이 죄라고 생각했습니다. 그래서 문둥병자를 보면 천벌을 받은 죄인이라며 멸시했습니다.

신약의 치유자는 예수님입니다. 이 땅에 오신 예수님은 수많은 병자들의 마음속에 미움과 분노가 있다는 것을 아셨습니다. 사람들의 마음속에서 들끓는 분노가 마침내 병을 일으킨다는 사실을 알고 있었기 때문에 예수님은 분노를 없애는 약, 곧 사랑을 처방해 주셨습니다.

절망이 휩쓸고 간 아침

사실 병은 절망하는 사람들에게 찾아옵니다. 어떤 역경 앞에서도 소망을 가진 사람은 살아남지만 절망하는 사람은 살아남지 못합니다. 이스라엘 사람들이 광야 40년을 견디어 낸 것은 젖과 꿀이 흐르는 가나안 땅에 대한 소망 때문이었고, 바벨론 포로기의 암울한 시절을 지탱할 수 있었던 것도 메시아를 기다리는 소망이 있었기 때문입니다. 당시에 메시아를 대망한 사람들은 살아서 고국으로 돌아올 수 있었지만, 믿지 못하고 절망에 빠진 사람들은 모두 죽어 이방 땅에 묻히고 말았습니다.

빅터 프랭클은 아우슈비츠 수용소에서 3년을 견디다 살아나온 사람입니다. 그는 그곳에서 절망이 사람을 죽인다는 사실을 발견했습니다. 그곳에서 지내던 유태인 포로들은 10월이 되면 새로운 희망을 가졌다고 합니다. 그들은 크리스천이 아니었지만 히틀러가 크리스천이었기 때문에(참으로 부끄러운 일이 아닐 수 없습니다.) 혹시 크리스마스 때 특별사면을 받지 않을까 해서였습니다.

그들은 10월부터 크리스마스를 손꼽아 기다렸습니다. 크리스마스를 기다리는 동안에는 참혹한 환경도 그들에게 별다른 문제가 되지 않았습니다. 굶주림과 추위에도 쓰러지지 않았습니다. 12월이 되면 벽에다 남은 날짜를 지워 나가며 크리스마스를 기다렸습니다.

"우리가 이곳을 나갈 날도 며칠 남지 않았어. 조금만 더 견디자구!"

그들은 서로 격려하며 모진 세월을 견뎠습니다. 이런 상황이 12월 24일 저녁까지 이어지곤 했는데, 아무 소식도 없이 24일 저녁이 지나가 버리면 그들은 크리스마스 당일인 25일에 희망을 걸었습니다. 그러나 크리스마스의 밤이 다 지나도록 석방한다는 소식이 들려오지 않으면 지옥 같은 그곳에서 빠져나갈 수 있으리라는 소망을 완전히 잃어버렸습니다. 이튿날 아침이면 수용소 안에서 놀라운 일이 벌어졌습니다. 대략 40여 명이 수용되어 있는 모든 방에서 평균 14~16명의 주검이 발견되곤 했던 것입니다. 그들을 죽인 것은 말할 것도 없이 '절망'이었습니다.

완전한 치유자의 등장

예수님은 사람들 속에 들어 있는 이 절망의 정체를 보셨습니다. 그리고 백성을 살리는 길이 소망을 주는 데 있음을 아셨습니다. 백성들은 불안과 고통에 시달리고 있었습니다. 그들에게는 지켜 줄 나라도, 안전을 보장해 줄 부(富)도 없었습니다. 언제 다른 나라의 침략을 받아 국토가 또다시 유린될지, 언제 굶주림의 고통에 빠져들게 될지 아무것도 예측할 수 없었습니다. 오직 장래에 대한 불안만이 그들의 몫이었습니다. 그런 그들에게 절대적으로 필요한 것은 소망에 대한 확신이었습니다. 그래서 예수님은 그들에게 소망의 메시지를 들려주셨습니다.

"그러므로… 목숨을 위하여 무엇을 먹을까 무엇을 마실까 몸을 위하여 무엇을 입을까 염려하지 말라. 목숨이 음식보다 중하지 아니하며 몸이 의복보다 중하지 아니하냐. 공중의 새를 보라. 심지도 않고 거두지도 않고 창고에 모아들이지도 아니하되 너희 천부께서 기르시나니 너희는 이것들보다 귀하지 아니하냐.… 들의 백합화가 어떻게 자라는가 생각하여 보라. 수고도 아니하고 길쌈도 아니하느니라.… 그러나 솔로몬의 모든 영광으로도 입은 것이 이 꽃 하나만 같지 못하였느니라."(마 6:25-29)

"너희가 만일 믿음이 한 겨자씨만큼만 있어도 이 산을 명하여 여기서 저기로 옮기라 하여도 옮길 것이요 또 너희가 못 할 것이 없으리라."(마 17:20)

예수님의 말씀이야말로 생명을 살리는 약입니다. 이 약의 재료는 '사랑'과 '소망'과 '믿음'과 '죄에 대한 용서'입니다. 이 약만이 죽어 가는 생명을 살려 낼 수 있습니다. 이 약에는 구약처럼 율법으로 옥죄는 해독도 없습니다.

구약시대의 사람들은 죄와 벌이라는 관념에 지나치게 사로잡혀 있었습니다. 그래서 오히려 죄를 감당할 길을 찾지 못했습니다. 율법의 사슬에 매여 자유를 누리지 못했습니다. 그러나 참된 진리는 우리를 자유롭게 하는 것입니다. 신앙생활을 하면서도 '혹시 내가 무의식중에 죄를 저지른 것은 아닐까?' 하며 늘 불안한 마음으로 살고 있다면 아직 참된 신앙을 갖지 못했다는 증거입니다. 아직도 율법의 감옥에 갇혀 있다는 증거입니다. 그렇기 때문에 하나님의 아들이신 예수님이 직접 죄의 용서를 선포하러 이 땅에 오신 것입니다.

예수님은 사랑과 소망과 믿음과 죄의 용서라는 약으로 세상 사람들을 치유해 주셨습니다. 그분을 보는 자마다 병이 치유되었습니다. 소경이 눈을 뜨고 앉은뱅이가 일어나고 미친 자가 멀쩡해졌습니다. 심지어 죽었던 자가 무덤에서 걸어 나오기도 했습니다. 가난한 자들과 소외된 자들에게는 소망의 위로를, 갇히고 눌린 자들에게는 자유케 하는 복음을 선포하셨습니다. 가는 곳마다 이적과 기사가 일어났습니다.

이스라엘 전역에 새로운 희망의 메시지가 전해졌습니다. 누구든지 그분을 믿기만 하면 모든 고통과 질병과 슬픔에서 해방될 수 있게 되었습니다. 하지만 이스라엘의 기득권자들은 이를 거부했습니다. 불법으로 이득을 취한 사람들은 그분의 길을 막고 그분의 말을 왜곡했습니다.

예수님이 승천하신 후, 초대교회에 성령이 임하면서 이적과 기사가 일어나기 시작했습니다. 예수님의 제자들이 가는 곳마다, 모이는 곳마다 기적이 일어났습니다. 눌린 자들이 해방되었습니다. 치유의 역사가 일어났습니다. 동시에 엄청난 박해도 일어났습니다. 그들은 핍박을 피해 지하 수십 미터, 때로는 150미터 아래의 깊은 무덤 속으로 숨어들었습니다. 그리고 거기서도 날마다 주님의 치유를 경험했습니다. 주님이 주시는 참된 자유와 해방을 누릴 수 있었습니다.

좌초된 치유사역

신약성경의 핵심 포인트는 말씀의 선포, 가르침, 치유에 있습니다. 복음서의 절반은 병자가 치유되는 기록입니다. 그런데도 오늘날의 교회에는 말씀 선포와 가르침만이 남아 있습니다. 치유는 어디로 사라진 지 오래입니다. 성경에서 선포되는 치유의 능력은 어디로 갔을까요? 병원과 기도원, 또 다른 곳으로 모두 빠져나가고 정작 교회에서는 더 이상 치유가 설 자리를 잃었습니다. 왜 이 지경이 되어 버린 것일까요? 성경에서는 분명히 치유의 역사에 대해 말하고 있는데, 오늘날의 교회에서는 치유의 역사를 찾아보기가 어려워졌습니다. 현재의 교회에서 치유사역이 사라진 원인을 몇 가지로 살펴볼 수 있습니다.

1) 세속화와 영지주의의 영향

초대교회 시절에 그토록 왕성하던 치유의 역사가 수그러들기 시작한 것은 주후 313년 로마의 콘스탄틴 황제가 기독교를 로마 국교로 선포하면서부터입니다. 로마에서 기독교가 정식으로 인정되자 수백 년 동안 카타콤(지하 무덤)에 숨어 생활하던 기독교인들이 지상으로 올라왔습니다. 지상에서 그들을 위협하는 정치 세력들이 사라져 버렸기 때문입니다. 그들은 기뻐 뛰며 자유와 해방의 분위기를 만끽했습니다. 그런데 이상하게도 그때부터 교회에서 치유의 역사가 자취를 감추기 시작했습니다. 왜 이런 역사의 아이러니가 발생한 것일까요? 이유는 간단합니다.

박해를 피해 카타콤으로 모여든 기독교인들은 어려움이 닥칠 때마다, 또는 환자가 발생할 때마다 함께 끌어안고 눈물을 흘리며 기도하고 찬송했습니다. 모두가 예수를 위해 죽음을 두려워하지 않던 참신자들이었습니다. 세상의 어떤 권세로도 꺼 버릴 수 없는 불꽃같은 믿음을 지닌 사람들이었습니다. 그들이 엎드려 기도할 때마다 성령의 강한 역사가 일어나 병든 자가 일어나고 사로잡힌 자가 풀려났습니다.

그런데 당시 세계의 지배자였던 로마의 황제가 기독교를 국교로 선포하자 정략적으로 기독교에 귀의하는 사람들이 늘어났고 따라서 기독교의 본질도 퇴색되었습니다. 로마 전역에서 교회가 우후죽순처럼 생겨났고 몰려드는 사람들로 교회마다 대만원을 이루었습니다. 심지어는 진짜 교인이 하나도 없는 교회까지 생겨날 정도였습니다. 그런 곳에 예수님의 신비, 즉 치유의 신비가 나타날 리 없었습니다.

생각해 보십시오! 교회에 예수님의 신비가 무엇인지, 기도는 어떻게 하는지, 성경 말씀이 무엇을 의미하는지도 모르는 가짜 신자들만 들끓는다면 그 안에서 어떻게 성령의 역사가 일어날 수 있겠습니까? 문제는 여기에서 그치지 않았습니다. 교회 안에 들어온 가짜 신자들이 어느새 세력을 잡고 교회를 움직여 가기 시작했던 것입니다.

보다 더 중요한 원인은 당시 사회를 지배하고 있던 희랍철학, 특히 영지주의(Gnosticism) 철학에서 찾아볼 수 있습니다. 영과 육체가 하나로 이루어져 있다는 히브리 사상과 달리 영지주의는 영과 육을 분리해서 보았습니다. 영은 귀한 것이어서 죽어도 살아나지만, 육체는 천한 것이어서 다시 부활할 수 없다는 것이 영지주의자들의 주장이었습니다. 그들은 육체를 영이 잠시 거하다가 벗어 버리는 일종의 거푸집과 같은 것으로 이해했습니다. 이처럼 육체를 천하게 보고 무시하는 경향이 있었기 때문에 그들은 병이 들어도 치료하려 들지 않았습니다. 영지주의 사상은 초대 기독교에 심각한 악영향을 미쳤습니다. 특히 교회의 치유역사를 위축시키는 데 결정적인 영향을 미쳤습니다.

2) 핍박의 영향

주후 450년에서 500년 사이에 기독교 국가이던 로마가 회교도들에 의해 멸망당했습니다. 이슬람은 이교(異敎)와 이교도들을 절대로 용납하지 않는 종교입니다. 그들에게는 이교도를 회개시켜서 회교도로 만든다는 개념이 없습니다. 단지 이교도들의 씨를 말려서 회교 국가를 세워야 한다는 목표가 있을 뿐입니다.

회교도들은 이집트를 비롯하여 로마 전역을 짓밟으면서 기독교인들을 잔인하게 살육했습니다. 행군하다가 예배당을 발견하면 그 즉시 흔적도 없이 불태워 버렸고, 도망가는 교인들을 붙잡아 죽였습니다. 용케 살아남은 신자들은 깊은 산속이나 사막으로 숨어들었습니다. 결국 하나님의 백성들은 '하나님이 살아 계신다면 어떻게 이런 일이 일어난단 말인가?' 하는 깊은 회의에 빠져들었습니다. 이런 상황에서 하나님이 사랑의 하나님이시며 우리의 아픔을 체휼하고 치유해 주시는 분이라는 생각을 하기가 힘들었습니다. 그리하여 교회 안에서 치유에 대한 인식은 더욱 희미해져 갔습니다.

3) 토마스 아퀴나스 신학의 영향

주후 1000년경부터 과학이 크게 발달했습니다. 중세에 이르자 농사법을 개발하여 새롭게 부(富)를 축적하는 사람들이 생겨났습니다. 지주 계층, 곧 새로운 귀족 계층이 생겨난 것입니다. 그들은 좀 더 편리하고 인간다운 삶을 추구하면서 새로운 세계에 눈을 돌렸습니다. 그들이 주목한 것은 예술, 과학, 지식의 세계였습니다. 특히 그들은 과학에 많은 관심을 쏟았습니다. 이 무렵 이들에게 인기를 얻은 사상은 아리스토텔레스의 철학관이었습니다.

아리스토텔레스의 철학 사상은 증명 철학입니다. 증명할 수 있는 것만 진리이고, 증명할 수 없다면 진리가 아니라는 것이 이 철학의 기조입니다. 눈에 보이고, 만질 수 있고, 감각할 수 있는 것만이 진리인 아리스토텔레스 사상의 관점에서 보면 기독교의 하나님은 거짓이며 미신에 불과합니다.

이런 아리스토텔레스의 철학 사상을 기반으로 하나의 신학을 정립한 사람이 토마스 아퀴나스(Thomas Aquinas)입니다. 아퀴나스의 신학은 중세 교회의 신학적 기틀이 되었을 뿐만 아니라 당시의 일반 사회에도 지대한 영향을 미쳤으며 서구 세계의 과학 발전에도 중요한 동인으로 작용했습니다.

아퀴나스는 아리스토텔레스의 용어로 세계를 보고 사고하면서 거기에서 얻은 지식을 바탕으로 『신학대전』을 저술했는데, 이 책에서 그는 하나님에 대한 이해, 창조에 대한 이해, 인간 본성에 대한 이해 등을 설명하고 있습니다. 그러나 『신학대전』 어디에도 하나님의 능력에 대한 체험이나 자연 질서를 넘어서는 초자연적인 사건들은 기록되어 있지 않습니다.

아퀴나스는 『신학대전Ⅲ』에서 예수님의 기적에 대하여 언급했습니다. 그는 예수님이 인간에게 자신의 교훈을 증명하고 자신의 신성(神性)을 나타내기 위해 기적을 행했지만 그 기적은 초자연적인 현상이었기 때문에 인간의 이성으로는 이해 불가능한 것이라고 주장했습니다.

아퀴나스는 육안으로 증명할 수 있는 사물을 가지고 하나님의 존재를 설명했습니다. 예를 들어, "들에 핀 꽃을 보라. 그리고 산천을 보라. 창조하신 이가 없이 그것들이 어떻게 생겨났겠는가?"라는 식입니다. 그러나 그런 그의 신학으로는 하나님을 추리할 뿐이지 직접 체험할 수는 없습니다. 마음과 육체의 질병이 치유되는 역사가 일어날 수 없습니다.

이 아퀴나스 신학이 중세 교회 전체를 지배했습니다. 모든 신학자들이 그의 신학을 공부했습니다. 아퀴나스의 후계자들은 신앙과 이성이 분리된 영역에서 존재하는 것이라 생각했고, 영적인 은사나 치유는 교회에서 불필요한 것이라고 주장했습니다. 한동안 그에 필적할 만한 신학자가 나타나지 않았기 때문에 그의 신학이 결국 거의 모든 교회에 수용되었습니다. 이런 풍토 속에서 영적 은사나 치유가 교회 안에서 활성화될 수 없었습니다.

이런 중세 교회 안에서도 성령의 은사와 치유의 역사를 체험하고 인정하는 크리스천들이 있었습니다. 하지만 대세였던 아퀴나스 신학을 극복하지 못하고 사막의 수도원으로 은둔해 버렸습니다. 이후 아퀴나스 신학은 15세기에 이르기까지 기독교 역사의 중추를 흔들어 놓았습니다.

4) 흑사병의 영향

중세 교회에 치유목회가 발을 붙이지 못하도록 만든 또 하나의 사건은 1323년부터 1349년까지 유럽 전역을 휩쓸어 버린 흑사병의 유행이었습니다. 흑사병으로 2천만 명 이상의 유럽인들이 사망했습니다. 이 숫자는 당시 전 유럽 인구의 1/3에 해당하는 것이었습니다.

"어떤 마을에는 집집마다 시체가 쌓여 가도 치울 사람이 없어서 그대로 방치해 둘 수밖에 없었다."는 기록이 남아 있을 정도입니다. 유럽 전역에서 송장 썩는 냄새가 진동했던 시기였습니다. 사람들은 이 비참한 상황을 보고, "하나님이 인간의 죄를 벌하려고 천벌을 내리셨다."며 수군거렸습니다. 흑사병을 인간의 죄를 벌하시는 하나님의 도구라고 생각했던 것입니다. 그 결과 교회에서 죄와 병의 관계가 더욱 강조되었고, 예수 그리스도께서 보여주신 치유의 하나님상은 점점 더 설자리를 잃어갔습니다.

이런 현상들을 경험하면서 교회 안에서의 치유가 부정되기 시작했습니다. 대표적인 종교개혁자인 루터와 칼뱅도, "치유는 예수님이 이 땅에 교회를 세우기 위해 잠깐 행하셨던 방법으로, 이미 교회가 세워진 현 시대에 계속해서 일어나는 현상은 아니다."라고 못을 박았을 정도입니다.

그러나 이 말은 사실이 아닙니다. 그들의 주장과는 달리 교회 안에서 치유 활동은 계속해서 일어났습니다. 그런데도 이들의 신학에 영향을 받은 많은 현대 신학자들이 아직도 교회의 치유사역을 인정하지 않고 있습니다. 대부분의 신학이 아직까지도 토마스 아퀴나스 신학에 그 뿌리를 두고 있기 때문입니다.

5) 여전한 치유의 역사

하지만 부정할 수 없는 사실은 초대교회로부터 지금까지 계속적으로 교회 안에서 치유의 역사가 일어나고 있다는 것입니다. 현장에서 사역을 감당해 본 목회자들은 이 사실을 부정할 수 없을 것입니다. 우리는 기도하다가, 찬송하다가, 혹은 예배를 드리다가, 설교 도중에 치유의 역사를 경험한 수많은 사람들의 간증을 들을 수 있습니다.

신학에서 다루지 않는 현상을 신앙의 현장에서 발견하게 될 때 목회자들은 혼란에 빠지기 쉽습니다. 어떻게 이해하고 받아들여야 할지 분별하기가 쉽지 않기 때문입니다. 그래서 각자 나름대로 자기 식의 치유론을 내세우고, 수많은 치유법들을 세상에 쏟아 냅니다. 'ㅇㅇ치유', '△△치유' 등등 나름대로 체험하고 발견한 치유법들이 온통 어지럽게 떠돌고 있습니다. 하지만 어느 것도 완전하게 정립된 것은 없습니다. 모두 다 장님 코끼리 만지는 식입니다.

치유에 관한 네 가지 사상적 동향

첫째, 치유는 의학적으로 이루어지는 것이지 절대 초월적인 힘으로 일어나는 것이 아니다.

둘째, 주로 성공회 쪽 주장으로, 병이란 인간을 훈련시키기 위해서 하나님이 인간에게 잠깐 허락하신 것이다.

하지만 이 주장대로라면 우리는 병을 고치기 위해 노력할 필요가 없어집니다. 하나님께서 우리를 훈련시키기 위해 병을 허락하셨다면, 그것을 수용하고 훈련되어야 마땅합니다. 임의로 병을 치료하여 하나님의 섭리를 거슬러서는 안 되기 때문입니다.

셋째, 몇몇 종교개혁가들의 신학 사상에서 영향을 받은 것으로, 치유는 예수님이 교회를 세우기 위해서 잠깐 사용하셨던 방법이며, 교회가 세워진 다음에는 치유의 능력을 거두어 가셨다. 그러므로 현대 교회에서는 치유가 불가능하다.

넷째, 실존주의 신학 사상의 영향에서 비롯된 주장으로, 초자연적인 힘은 절대 현실의 인간 속에 들어올 수 없다.

이들의 주장대로라면 치유가 교회에서 자리 잡을 수 있는 여지는 전혀 없어 보입니다. 하지만 치유는 이런 신학들의 위협에도 불구하고 현대 교회 안에서 서서히 뿌리를 내려 가고 있습니다.

새로운 패러다임의 도입

왜, 어떻게 해서, 그동안 움츠러들었던 치유가 오늘날의 교회에서 다시 발견되고 적용되기 시작한 것일까요?

제1차 세계대전 당시 연합군 종군목사 대부분은 참담한 무력감에 빠져들었습니다. 전쟁으로 인해 정신적 손상을 입고 찾아오는 병사들에게 아무런 도움도 줄 수 없었기 때문입니다. 병사들은 후방으로 이송되어 정신과 의사들의 치료를 받은 뒤 전장으로 되돌아오곤 했습니다.

이런 현실을 목격한 종군목사들은 깊은 무력감과 함께 인간 이해에 대한 필요성을 절감하게 되었습니다. 육체적 손상이야 의사에게 맡긴다지만 정신적 위로자임을 자처하는 목사들이 병사들이 겪는 정신적 혼란 앞에서 속수무책으로 있다가 정신과 의사들에게 그 자리를 내주어야 하는 현실 때문이었습니다.

그때부터 그들은 인간 이해를 위한 새로운 접근을 시도했습니다. 오랫동안 신봉해 오던 아퀴나스 신학의 틀을 과감히 벗어던지고 새로운 신학의 패러다임을 도입하기 시작했습니다. 다면적·복합적·중층적인 인간 심리를 이해하기 위해서 그동안 도외시해 온 심리학과 과학 등의 학문을 과감히 수용했습니다. 그리고 초대교회의 전통대로 교회 안에서 은사와 치유의 영역을 인정했습니다.

인간을 치유하기 위해서 시작된 이 새로운 운동은 여러 파급효과를 가져왔습니다. 먼저 인간에 대한 이해가 새롭게 일어났습니다. 그들은 인간을 '마음과 육신이 결합된 존재'로 정의했고, 이러한 인간 이해는

지난 시절의 '영적 우위'의 인간관보다 진일보한 것이었습니다. 그들은 영과 육체가 유기적으로 결합되어 있어서 영에 문제가 생길 때에는 육체가, 육체에 문제가 생기면 영에도 문제가 생긴다고 주장하면서 그 사례로 '플라시보(placebo) 효과'를 들었습니다.

플라시보란 유효 성분이 없는 가짜 약을 말하는데, 심리적인 요인이 실제로 육체에 미치는 영향을 실험하는 데 쓰이는 약이기도 합니다. 예를 들어, 독감 환자들을 두 편으로 갈라 한편에는 진짜 독감약을, 한편에는 새로 개발된 독감 특효약이라고 말하고 플라시보를 투여한 뒤 결과를 보니, 놀랍게도 가짜 약인 플라시보를 먹은 환자들이 70퍼센트 이상 치유된 데 비해 진짜 독감약을 먹은 환자들은 불과 30~40퍼센트 밖에 치유되지 않았다고 합니다. 여러 번에 걸쳐 실시된 똑같은 임상 실험 결과도 역시 동일했습니다.

이 연구를 통해 플라시보를 특효약으로 알고 먹은 환자들의 몸속에서 다량의 생명 호르몬이 쏟아져 나와 환부를 치료한다는 사실이 밝혀졌는데, 이것은 순전히 특효약을 먹었으니 꼭 나을 것이라는 기대 심리가 만들어 내는 효과였습니다. 보통의 독감약을 복용한 환자들에게서 이런 효과가 나타나지 않은 것은 꼭 나을 것이라는 기대 심리가 없었기 때문입니다.

인간의 심리가 육체에 얼마나 지대한 영향을 미치는지를 보여주는 이 사례는 단적인 예에 불과합니다. 마음이 약보다 훨씬 더 큰 약리작용을 일으킨다는 사실을 입증하는 사례는 이것 말고도 얼마든지 찾아볼 수 있습니다.

마음의 치유력

1997년 6월 24일 자 《타임》지에 다음과 같은 내용이 실려 세계인들을 놀라게 했습니다. 'Faith and Healing(믿음과 치유)'라는 제목의 이 기사는 '마음의 치유 능력'에 대해 과학적으로 접근한 흥미로운 내용을 다루고 있습니다. 내용은 대체로 영에 지배되는 신체적인 요인이 아주 많다는 것인데, 어째서 기도를 열심히 하면 병이 치유되는가를 설명하고 있습니다. "기도할 때 체내에서 모르핀 호르몬이 쏟아져 나오기 때문에 통증을 잊게 할 뿐 아니라 병을 이길 수 있다."

마음이 신체에 이토록 지대한 영향을 미치는데도 제2차 세계대전 이전까지의 신학은 인간의 마음과 몸이 따로따로 분리되어 있다고 생각했습니다. 그러나 실제로는 마음먹기에 따라 죽느냐 사느냐가 결정되는 경우가 많이 있습니다. 임상을 하다 보면 불치병을 이겨 낸 사람들의 간증과 사례를 종종 접하게 되는데, 그들은 한결같이 살아야 한다는 굳은 신념으로 하나님께 매달렸다는 특징을 갖고 있었습니다.

죄책감

마음속에 죄책감을 가지고 있는 사람은 유난히 병에 잘 걸립니다. 회복도 다른 사람에 비해 훨씬 더딥니다. 심하면 병을 이기지 못하고 죽기도 합니다. 같은 상황에서 같은 질병에 걸려도 죄책감이 없는 사람은 병상에서 빨리 일어나지만 죄책감이 심한 사람은 오래 자리보전을 합니다. 이처럼 죄책감이 인간의 신체에 미치는 영향은 때로 아주 심각합니다. 죄책감이 들면 정신 집중이 안 되고 면역력이 떨어져서 질병에 걸리기가 쉬워집니다.

사랑이 신체에 미치는 영향

1917년은 러시아에서 볼셰비키 혁명이 일어난 해입니다. 이 혁명으로 러시아는 소비에트 연방이라는 거대한 공산주의 국가로 변모했습니다. 이때 혁명 주체 세력들이 소련 전역에 탁아소를 세우고 연방 내의 모든 아이들을 그곳에 수용했습니다. 인민들을 훌륭한 공산주의자로 키우기 위해 어렸을 때부터, 심지어 갓난아이까지 탁아소에서 집단적으로 양육한 것입니다.

그들은 아이들을 위해 최대한의 시설을 갖추고 양질의 음식과 좋은 의료서비스를 제공했습니다. 그런데도 그 탁아소에 수용된 아이들 중 절반 이상이 6개월이 지나기 전에 생명이 위태로울 정도로 심각한 상태에 빠졌습니다. 3년이 지나자 1/3이 사망해 버렸습니다. 끝까지 살아남은 아이들은 비교적 보모들의 사랑을 많이 받은 아이들이었습니다. 그 아이들마저도 제대로 성장하지 못했습니다. 대부분 정신 질환을 앓게 되었던 것입니다.

그때서야 혁명 세력은 아이들을 친부모들에게 돌려보냈습니다. 너무나 가난해서 늘 먹을 것이 부족했고 주거 환경도 열악했지만 부모의 품으로 돌아온 아이들은 건강하게 잘 자랐습니다. 부모의 사랑(마음)이 그들을 길러 낸 것입니다. 사람은 사랑 없이 빵만으로는 살 수 없는 존재입니다.

이 사건으로 인류는 인간의 생명에는 생물학적인 영양뿐만 아니라 사랑이라는 마음의 영양분이 꼭 필요하다는 사실을 깨닫게 되었습니다. 의학적인 접근만으로는 인간의 마음을 치유할 수 없다는 사실도 깨닫게 되었습니다.

치유하는 교회

새로운 인간 이해의 방식이 1940년경 안톤 보이슨(Anton Boisen)이라는 미국 침례교 목사를 통해 치유목회 분야에 도입되었습니다. 안톤 보이슨 목사는 자기 자신이 정신병원에서 체험한 내용을 토대로 교회를 찾아오는 환자들을 치료해 주었습니다.

안톤 보이슨은 목회사역 도중 발병하여 정신병원에 입원했습니다. 그가 3년간 병원에 입원해 있는 동안에 그를 찾아와서 위로해 준 목사는 단 한 명도 없었습니다. 당시의 목회자들이 정신병을 목회의 영역으로 간주하지 않았던 때문입니다. 그때까지도 중세 신학의 틀에서 벗어나지 못한 목회자들은 정신병을 막연히 저주받은 병으로 여기고 있었습니다.

3년 동안 정신병원에서 외로운 투병 생활을 한 안톤 보이슨 목사는 치유목회의 필요성을 절감하고 퇴원한 뒤 신학생들을 훈련시켜서 목회 현장에 내보냈습니다. 이것이 치유목회, 즉 상담목회와 임상목회의 시작이 되었습니다. 이렇게 시작된 치유목회가 지금은 신학의 한 흐름으로 자리매김하고 있습니다.

미국에서는 신학교를 졸업했다고 해도 곧바로 목사가 될 수 없습니다. 신학교를 졸업하면 선생님은 될 수 있지만 목회자가 되기 위해서는 반드시 6개월 이상 병원에서 임상 실습을 해야 합니다. 6개월간 매일같이 병원에 나가서 하루 종일 환자들과 상담하는 것이 임상 실습의 주요 내용입니다. 어느 교단을 불문하고 이 훈련을 받지 않고서는 목사가 될 수 없습니다.

  이제 우리는 완전한 치유자 예수님이 모범을 보이셨던 치유사역을 피해 가서는 안 됩니다. 피해 가는 것은 직무 유기입니다.

  복잡다단한 현대 생활에서 마음에 숨겨진 상처를 안고 살아가는 영혼들의 치유를 위해 말씀과 기도와 권면은 물론 온갖 좋은 것들, 예컨대 일반 은총의 선물인 현대 심층심리학의 성과를 선별, 활용할 수 있어야 합니다. 선한 사마리아인이 강도 만난 사람을 도와주었듯이 오늘 우리 한국 교회도 유형무형의 강도를 만나 마음속에 남모르는 상처를 안고 살아가는 사람이 치유될 수 있도록 도와주어야 합니다.

맺는 말

숨겨진 상처 치유의 7가지 효과

첫째, 자신이 누구인지를 자각합니다.

자신이 누구인지 모른다면 어떤 변화도, 성장도 일어나지 않습니다. 자신이 누구인지 모르는 사람은 바다 한가운데 떠 있는 배가 어디로 항해해야 할지 모르는 것과 같습니다. 자신이 누구인지 모르면 어떤 일을 해도 항상 방황하게 됩니다. 가정 문제가 풀리지 않아도, 직장 문제가 어렵게 돌아가도 왜 그런지 모르기 때문에 당황해하고 다른 사람들에게 책임을 전가하게 됩니다.

치유란 내가 지금까지 어떤 길을 걸어 왔고, 내가 어디에 서 있는가를 분명히 보게 하며, 내가 어디로 가야 하는가를 결단하도록 도와주는 것입니다. 치유의 과정을 통해 지금까지 자신을 아프게 살도록 만들어 온 어두움의 실체를 발견하고, 지금껏 원치 않은 방향으로 나를 끌고 다닌 무의식 속의 운전사를 발견하여 내보내어야 합니다. 더이상 자신의 삶을 어둠의 운전사에게 내맡기지 않기로 작정해야 합니다. 그럴 때 우리의 삶에 새로운 태양이 떠오릅니다.

둘째, 다른 사람을 이해할 수 있게 됩니다.

마음의 상처를 치유받은 사람은 옛날과는 전혀 다른 시각에서 다른 사람들을 보기 시작합니다. 상처를 치유받기 전에는 자신을 괴롭히는 사람들 때문에 대인공포증까지 앓아야 했던 한 여인도 치유 과정을 거친 다음에는 상대방의 마음을 이해하게 되었습니다. 자신을 괴롭히는 시어머니의 입장이 되어 보고, 시어머니의 마음속에 맺힌 상처의 응어리를 볼 수 있게 되었습니다. 상처 때문에 시어머니에게서 어린아이 같은 퇴행 현상이 나타났다는 것을 알고 시어머니를 향했던 병적인 분노가 사라졌습니다. 오히려 시어머니에 대한 이해와 동정심이 일어났습니다.

치유의 경험이 없는 사람과 치유 과정을 거친 사람은 자신을 화나게 하는 사람 앞에서 다르게 반응합니다. 전자가 분노를 억누르지 못하고 괴로워하는 반면에 후자는 '저 사람에게 무슨 사연이 있기에 저렇게 행동할 수밖에 없을까?' 하고 생각하면서 그를 이해하려고 애씁니다. 상대를 이해하게 될 때 마음속 분노는 그만큼 줄어들고, 분노가 약화되는 만큼 생명 에너지가 허비되지 않고 창의적인 에너지로 전환됩니다. 현대 의학은 생명 에너지가 분노로 빠져나가기 때문에 수많은 사람들이 죽어 간다는 사실을 입증해 주었습니다.

셋째, 가정이 살아납니다.

치유 과정에서 만난 수많은 사람들의 상처는 대부분 가정에서 시작되고 있었습니다. 상처는 흔들리는 가정, 흔들리는 부모 밑에서 자라난 사람들에게 두드러지게 나타나는 현상입니다. 흔들리는 가정에서 상처 입으며 자란 아이들이 청소년이 되면 문제를 일으키고, 문제 청소년이 자라 어른이 되면 가정이든, 직장이든, 사회단체든 그가 머무는 곳에 분노와 분쟁, 분열의 싹을 틔웁니다. 가정에서 시작된 문제가 사회 문제, 정치 문제, 교육 문제, 종교 문제로까지 이어집니다.

숨겨진 마음속 상처를 가진 사람들은 대개 성장 과정에서, 특히 부모와의 관계에서 그 상처가 비롯된 경우가 많습니다. 그들이 치유 과정을 거치면서 자신의 가정을 이해하기 시작하면 자신들의 부부 관계가 자녀들에게 어떤 영향을 미치고 있는지를 알게 됩니다. 그리고 자기의 자녀들이 얼마나 힘들게 살아가는지를 통감합니다. 이것을 깨달은 수많은 아버지 어머니들이 자식들 앞에 무릎을 꿇고 통곡하며 용서를 비는 모습을 자주 보아 왔습니다. 그런 부모 밑에서라면 자녀들이 얼마나 행복하고 훌륭하게 성장해 가겠습니까? 마음의 상처를 치유하는 과정에서 볼 수 있는 가장 극적인 열매는 행복한 가정이 세워지는 것입니다. 목회자의 상처가 치유되면 목회자의 가정이 달라지고 설교가 살아나며 교회 전체가 살아납니다.

넷째, 마음의 상처 치유로 얻게 되는 선물은 건강한 영성입니다.

마음의 분노가 점점 가라앉으면 상대적으로 사랑은 증대됩니다. 분노가 도사리고 있는 마음속에 영성이 자리 잡을 수 없는데, 분노 때문에 주님이 거할 자리가 없기 때문입니다. 상처의 치유는 분노의 마음을 사랑과 이해의 마음으로 바꾸어 줍니다. 그래서 치유는 주님이 들어와 역사할 수 있는 자리를 마련하는 작업이라고 할 수 있습니다.

다섯째, 정신의 건강 역시 치유의 열매입니다.

상처가 치유되지 않은 상태의 마음은 산만합니다. 산만한 마음이나 분열된 마음에서는 어느 수준 이상의 창의력이나 능력을 기대할 수 없습니다. 그러나 상처가 치유된 후에는 산만하고 여러 갈래로 갈라진 마음이 하나로 집중되는 현상이 나타납니다. 창의력도 높아집니다. 마음의 상처를 치유받고 난 다음 하는 일들이 잘 풀리는 것 역시 이런 측면에서 근거가 있습니다.

여섯째, 마음의 상처를 치유하여 얻게 되는 분명한 선물은 육신의 건강입니다.

육신의 병이 대부분 마음에서 비롯된다는 것은 현대 의학에서도 강하게 주장하는 바입니다. 육신의 질병은 오랜 시간 마음의 상처가 키워 온 결과입니다. 쉬운 예로, 대부분의 암은 짧게는 3년, 길게는 10년 전 마음의 상처에서 움텄다는 것이 의학계의 상식입니다. 마음의 상처가 치유되면서 암이 치료된 사례도 많이 있습니다. 나 자신도 마음의 상처를 치유하는 과정에서 신체의 질병이 함께 치유되는 사례를 수없이 보아 왔습니다. 마음의 상처와 신체의 건강은 불가분의 관계에 있는 것입니다.

일곱째, 마음의 상처를 치유받은 사람은 자신도 치유자가 됩니다.

성장 과정에서 입은 마음의 상처 때문에 어두움의 세계에서 살아가는 사람이 많습니다. 그런 사람도 치유 과정을 거치며 새로운 세계를 보게 되면 어두움에서 벗어나 새 삶을 체험하게 됩니다. 치유받은 사람들은 아직도 마음의 상처로 인해 고통받는 사람들을 보고 안타까이 여기며 서서히 그들을 돕는 치유자로 변화되어 갑니다. 자신의 상처를 치유받고 새 삶을 맛본 사람은 누구나 치유자가 되는 축복을 누리게 됩니다. 하나님께서 그를 치유자로 부르고 계시기 때문입니다.

숨겨진 상처의 치유

펴낸날 | 2000년 11월 23일 초판 발행
2020년 11월 30일 개정 29쇄

지은이 | 정태기
펴낸이 | 정태기
펴낸곳 | 상담과 치유

출판등록 | 제22-1163호
주소 | 서울시 서초구 서초대로 121 (방배동)
대표전화 | 02-599-2400   **팩스** | 02-599-2468
홈페이지 | www.chci.or.kr
이메일 | chci@chci.or.kr

값   13,000원
ISBN   978-89-87670-18-8   03180

* 잘못된 책은 바꿔 드립니다.
* 지은이와 협의에 의해 인지를 붙이지 않습니다.
* 본사의 허락 없이 무단 전제를 금합니다.